大冶文物

大冶市文物事业发展中心　主编

武汉理工大学出版社
·武 汉·

图书在版编目(CIP)数据

大冶文物 / 大冶市文物事业发展中心主编. --武汉:武汉理工大学出版社,2024. 9.

ISBN 978-7-5629-7229-7

I. K873.634

中国国家版本馆 CIP 数据核字第 2024KD4594 号

大冶文物
DAYE WENWU

项目负责人:史卫国		**责任编辑**:史卫国	
责 任 校 对:杨　昱		**版面设计**:许伶俐	

出 版 发 行:武汉理工大学出版社

网　　　址:http://www.wutp.com.cn

地　　　址:武汉市洪山区珞狮路 122 号

邮　　　编:430070

印　　刷　者:武汉精一佳印刷有限公司

发　行　者:各地新华书店

开　　　本:880 mm×1230 mm　1/16

印　　　张:11

字　　　数:280 千字

版　　　次:2024 年 9 月第 1 版

印　　　次:2024 年 9 月第 1 次印刷

定　　　价:188.00 元

本书编委会

序　言

　　大冶历史悠久，文化底蕴深厚，是镶嵌在荆楚大地上的一颗耀眼明珠。铜绿山古铜矿遗址、鄂王城城址、五里界城址……无数珍贵的文化遗产见证了这片土地的沧桑变迁，是中华民族悠久历史的重要组成部分。

　　大冶文物种类齐全，时间跨度绵长，无论是新石器时代的石器，还是商周青铜器、唐宋陶瓷器，亦或是近现代的革命文物，都展现出工匠们的卓越技艺、当地社会风俗习惯以及宗教信仰，记录着大冶的历史变迁和人类文明的发展进程。它们不仅具有极高的艺术价值，更是历史的见证，为我们了解历代社会提供了宝贵的资料。

　　值得一提的是，大冶市还拥有丰富的非物质文化遗产。民间故事、音乐、舞蹈、戏剧等艺术形式，具有浓郁的地方特色。这些非物质文化遗产与物质文化遗产相互辉映，呈现出丰富多彩的文化景观。

　　文物的价值不仅在于历史的厚重，更是人类与历史对话的桥梁，是我们了解和传承优秀传统文化的重要途径。因此，大冶文物的保护和研究工作十分重要，对于弘扬民族文化、推动地方经济社会发展、提高人民群众的文化素养具有重要意义。深入挖掘其背后的文化内涵及价值，可以让这些珍贵的文物得以永续保存，为后世子孙留下丰富的历史瑰宝。

　　本书集结了大冶市各类文物的精华，希望能让大家更深入了解大冶市丰富的历史与文化，感受大冶的独特魅力与深厚底蕴，共同为保护和传承宝贵的义化遗产贡献力量。

C目录
CONTENTS

第一章　文物总体概况　1

第二章　不可移动文物　2

第三章　可移动文物　47

第四章 文化遗产研究 141

大冶地处鄂东南,长江中游南岸,素有"百里黄金地,江南聚宝盆"之美誉。地形以丘陵、山地、平畈为主,地处幕阜山脉北侧的边缘丘陵地带,全市土地面积1566平方公里,辖10个乡镇、4个城区街道办事处、1个国家级高新区和1个国有农场,总人口96万。1994年大冶撤县建市,大冶先后被列为国家园林城市、全国文明城市、全国工业百强县市、全国休闲农业与乡村旅游示范县(市)、中国龙狮之乡、中国诗词之乡、中国石雕之乡、中国楹联文化城市、湖北省旅游强市、湖北省森林城市、湖北省最佳金融信用县市。

大冶是千年古县,历史文化悠久。唐末天祐二年(905年),南方割据政权吴国武昌军节度使秦裴在永兴县境内(大冶域内)设青山场院,并大兴炉冶。宋初,属鄂州,北宋乾德五年(967年),南唐后主李煜升青山场院,并划武昌县三乡与之合并,新置一县,取"大兴炉冶"之意,定名大冶县。

"古今一洪炉,举世无双冶。"3000多年前,华夏先民就在大冶采矿炼铜,创造了辉耀千古的青铜文明。大冶之美,美在文物古迹。作为湖北省十大文物县级市之一,大冶有不可移动文物461处,其中4处是全国重点文物保护单位、13处是省级文物保护单位、56处是市级文物保护单位,这些文物犹如一颗颗璀璨的华夏明珠,镶嵌在青铜之乡的山川大地。金湖街道上冯村、姜桥村、焦和村、门楼村和保安镇沼山村刘通湾以及大箕铺镇柯大兴村、水南湾村被公布为中国传统村落。大冶还有可移动文物32大类8546件(套)件,涵盖铜器、铁器、陶瓷器、石器、骨角牙器、漆器、竹木器、书画等类别,具有显著的历史、艺术及科学价值。

大冶文物作为人类历史与文化的重要载体,是了解大冶市政治、经济、文化和科技等方面情况的宝贵资料,对于了解历史、传承文化、保护文化遗产等方面都具有重要意义。

第二章

不可移动文物

根据《国家文物局关于开展长江流域文物资源调查工作的批复》(文物保函〔2021〕1033号)和《湖北省文物事业发展"十四五"规划》(鄂文旅办发〔2021〕38号)等文件要求,2022年以来,大冶市文化和旅游局在第三次全国文物普查基础上,组织开展了长江文物资源田野调查,系统梳理了境内文物保存利用的情况。该项目共调查16个区镇的461处文物点,详细录入461处文物保护单位的名称、编号、调查性质、公布批次及时间、年代、所有权、使用者、隶属关系等信息。

按照级别分类,大冶市有4处全国重点文物保护单位、13处省级文物保护单位、56处市级文物保护单位、22处县级文物保护单位和366处未定级文物保护单位。这些文物古迹和遗址代表了不同时期文化特征,是中华民族的珍贵遗产。

表1 大冶市不可移动文物类别统计表

区县	全国重点文物保护单位	湖北省级文物保护单位	黄石市文物保护单位	大冶市文物保护单位	未定级文物保护单位	合计(处)
大冶市	4	13	56	22	366	461

按照文物保护单位的时代分类,有旧石器时代8处、新石器时代38处、夏商周时期84处、战国秦汉时期4处、三国两晋南北朝8处、隋唐五代6处、宋辽金元时期7处、明代7处、清代216处、近现代32处、51处不详。年代涵盖从旧石器时代到近现代等十个年代,其中清代及近现代遗址数量最多,青铜时代遗址数量次之。

按照类型分类,有近现代史迹及代表性建筑、古遗址、古墓葬、古建筑、石窟寺及石刻等5种遗存类型。其中,古遗址179处,古墓葬166处,古建筑79处,石刻5处,近现代重要史迹及代表性建筑32处。古遗址和古墓葬分别占比39%和36%,少数因为城市建设被破坏,墓葬和遗址基本保存较好。

目前,大冶市已对卢家垴遗址、岩阴山脚遗址、四方塘遗址墓葬区、五里界城址和鄂王城城址进行了部分考古发掘。文物保护项目累计75项，其中保护规划4项、本体保护维修24项、保护设施23项、展示利用设施20项、环境整治2项、基础设施建设2项。已完成了24项文物保护单位修缮工程勘察设计。市县级以上级别文物保护单位均设立保护标志牌。已编制《大冶市鄂王城城址保护规划》《红三军团革命旧址保护规划》《铜绿山古铜矿遗址保护规划》《磨山半岛窑址群保护规划纲要》《大冶市文物保护总体规划》，其中三项是针对单体文物的专项规划，一项是针对94处定级文物的区域保护总规。

表2　大冶市代表性考古项目实施统计表

序号	实施年度	项目名称	类别	发掘面积/平方米	文物标本数量/（件/套）
1	2012	卢家垴遗址发掘	古遗址	250	42
2	2012	岩阴山脚遗址发掘	古遗址	650	46
3	2013—2017	四方塘遗址墓葬区发掘	古墓葬	5470	258
4	2015—2016	五里界城址发掘	古遗址	1000	426
5	2015—2016	鄂王城城址发掘	古遗址	500	265

目前大冶市共有5处文物点对外开放展示利用中，分别是铜绿山古铜矿遗址、大冶中心县委旧址、红三军团建军旧址、鄂皖湘赣指挥部旧址、大冶兵暴旧址。1984年12月，在铜绿山七号矿体1号点考古发掘原址上兴建的铜绿山古铜矿遗址博物馆建成并开馆，2023年铜绿山古铜矿遗址博物馆新馆落成并开馆。1993年设立了"南山头革命纪念馆"，充分发挥旧址的社会教育作用，2005建成对外免费开放，面积300平方米。中央政治局原委员、中央宣传部原部长陆定一同志亲笔为纪念馆题名。红三军团建军旧址建筑群修缮后，挂牌成立为红三军团建军纪念馆，于2005年正式对外开放。鄂皖湘赣指挥部旧址纪念馆，2012年7月13日正式对外免费开放。大冶兵暴旧址建筑群布展改造后于2019年开始对外免费开放。

大冶市不可移动文物具有重要的历史、文化和科学价值。它们见证了这座城市的发展历程，是研究古代和近现代社会、政治、经济、文化等方面的重要实物资料。同时，这些不可移动文物也是传承和弘扬中华民族优秀传统文化的重要载体，对于增强文化自信、推动文化旅游融合发展等方面具有重要意义。

一、铜绿山古铜矿遗址

铜绿山古铜矿遗址鸟瞰图

铜绿山古铜矿遗址博物馆俯视图

铜绿山古铜矿遗址博物馆（新馆）

铜绿山古铜矿遗址博物馆（新馆）内部展陈

铜绿山古铜矿遗址博物馆大厅

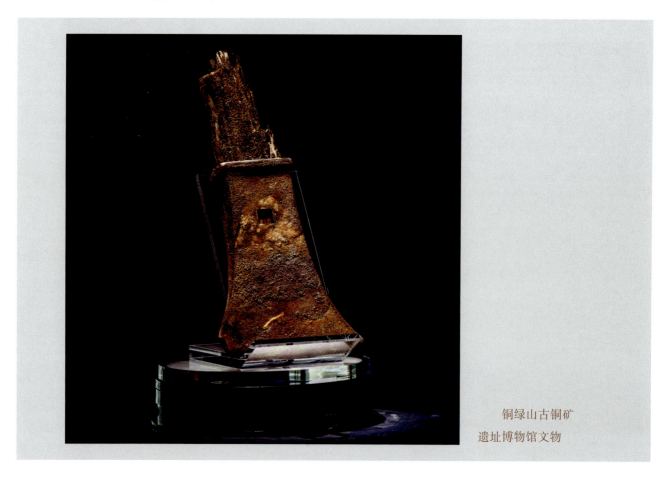

铜绿山古铜矿
遗址博物馆文物

铜绿山古铜矿遗址博物馆文物

铜绿山古铜矿遗址博物馆(旧馆)

1982 年,铜绿山古铜矿遗址被列入第二批全国重点文物保护单位。

铜绿山古铜矿遗址位于湖北省大冶市城区西南部,发现于 1973 年,遗址保护面积 5.6 平方公里。铜绿山古代矿冶遗址的采掘年代不晚于夏代,历经商周,汉唐,直至近代,持续时间长达 4000 余年。它是我国目前发现的古铜矿遗址中采冶延续时间最长、开采规模最大、采冶链最完整、采冶技术水平最高、保存最完整的一处古遗址。他的发现和发掘,填补和改写了中国乃至世界铜矿采冶史。

(一)采冶延续时间最长

"天地一烘炉,举世无双冶"。1973 年铜绿山古铜矿遗址在这里横空出世,震惊了国内外。铜绿山古铜矿遗址前后进行过两轮集中的考古发掘,历经近半个世纪,先后出土和征集文物标本21308 件(套)。经专家考证,铜绿山古铜矿其始采年代最早可以追溯到距今 4000 多年前的夏代,历经商周、春秋战国延续至汉唐宋明清,直至近代,持续时间长达 4000 余年。因而,被联合国教科文组织授予"持续开采时间最长"的吉尼斯世界纪录。

铜绿山古铜矿遗址局部

铜绿山古铜矿遗址博物馆侧视图

（二）采冶规模最大

铜绿山12处矿体都被古人开采过，从已经发掘的10923平方米中，共发现商周至西汉采矿井（盲）302口，平（斜）巷128条，井巷总长度约8000米。挖掘矿料和土石量达100万立方米。井巷使用支护木材超过3000立方米。古代采场内遗留的铜矿石达3万~4万吨，铜品位为12%~20%。堆积的废土石渣物高达70余万立方米，露天开采转为井下开采。

铜绿山地区的冶炼遗址数量较多，已发现冶炼遗址50多处，发现古炉渣40万~50万吨，根据科学检测，推测当时铜绿山产铜至少在8万~12万吨，可见，铜绿山古铜矿遗址的地位举足轻重，对青铜文化发展起到了一定的推动作用。

（三）采冶链最完整

铜绿山地区发现古代露天采矿坑7个。发现地下采区18个，采矿深度最大达到90米。从发掘的6处冶炼遗址看，有春秋战国、汉、宋代、清代鼓风冶铜竖炉18座，在鼓风竖炉周边还发现了矿石整粒场、筛分场等辅助遗迹，说明冶炼前进行过配矿。

在四方塘古墓葬中发现了一些不同等级管理者的陪葬品。在古代炼炉旁，发现了35枚春秋时期矿工脚印，古铜矿遗址"见物不见人"的问题更是迎刃而解。考古资料充分证明春秋战国时期，铜绿山已经形成了就山采矿，就地炼铜的生产布局和基本完整的采冶链。

铜绿山古铜矿遗址航拍图

铜绿山古铜矿遗址博物馆展品

(四)采冶技术水平最高

商周时期,铜绿山发明了群井和短巷联合开采技术。春秋时期,创新了竖(盲)井与(斜)巷联合开拓技术、由底下向上逐层采掘技术、井底充填方法,矿井开采深达60余米,低于当地潜水位23米,并较好地解决了地下追采富铜矿脉、井巷支护、排水、照明、通气、提升等系列技术问题。战国至西汉时期的铜绿山古铜矿1号矿体的第24勘探线的古代采矿系统,更是被称作"中国古代采矿技术的典范"。

在冶炼技术上,春秋战国时期,铜绿山已经采用了鼓风竖炉炼铜,冶铜温度为1200℃左右,并已具备连续加料、连续冶炼,间接排放渣液和铜液的功能,这是冶铜技术一次划时代的创新。

铜绿山古铜矿遗址出土文物

(五)保存最完整

七号矿体一号发掘点的春秋采矿遗址是我国乃至世界上仅存的唯一一处井下采矿遗址现场。在400平方米的面积内,保存有西周至春秋时期采矿竖井63个,平(斜)巷19条,排水管道1条。这些错综复杂的古矿竖井、盲井、斜井和蜿蜒其间的排水巷道与木制水槽等,原汁原味地呈现了古人深井采矿的聪明才智。

二、鄂王城城址

鄂王城城址航拍图

鄂王城城址文物保护标志

鄂王城城址航拍图

2001年，鄂王城城址被列入第五批全国重点文物保护单位。

鄂王城城址位于大冶市金牛镇胡彦贵自然村。城址于1981年被发现，城址大体呈长方形，东西长约420米，南北宽约360米，占地面积近16万平方米。主要发现的遗迹有城垣、城门、城壕、房屋建筑遗迹、窑址等。城内采集和出土了东周金币、铜器、铁器、陶器，以及汉代陶器残片、唐宋瓷器残片等。

鄂王城城址地面遗存

城址附庸遗存包括邹村古墓群和董家地遗址。邹村古墓群共划分为 21 个墓区,共 229 座墓葬,面积约 8 平方公里;董家地遗址距离城址约 50 米,占地 3200 平方米。

(一)历史价值

鄂王城城址是最早在鄂东南地区考古发现的东周时期古城址,也是迄今为止,我国考古发现较少的兼有楚、鄂文化特征的东周古城址之一,在时代特征和历史文化内涵方面具有特殊代表性。其文化性质受到楚、鄂、吴等多重文化的影响,是鄂东南地区文化的形成、发展、融会以及社会演进的实物见证,对于探索楚文化流变及鄂东南地区的文化面貌和发展序列具有重要历史意义和突出的考古学价值。

(二)科学价值

鄂王城城址因地制宜、随形就势的灵活构筑方式;城垣拐角切边,城门一侧向外突出,将城壕与古高河港沟通的布局,以及周边墓葬依托地势沿丘陵岗地展开的格局关系,反映出城郭营建环境布局于东周时期突破了早期城邑建制观念的制约,呈现出灵活变化、丰富多元的特征,为研究东周时期营城思想的传承、发展与变化提供了考古实证资料。城垣东南角处豁口或为水门,与纪南城城垣三处设置水门可相比较,这也是同时期大多数城址所没有的特征,为探索楚国营城特点,以及楚城与楚文化之间的关联性等方面的研究课题提供了实物线索。鄂王城城址周边发现的 229 座古墓葬,其数量不仅居鄂东范围内古城之首,而且在整个湖北省境内也是比较突出的,对于鄂东南地区的楚国丧葬制度、习俗等问题的研究所具有的史料价值不容忽视。

鄂王城城址东侧、东南侧均分布有商至东周时期矿冶遗址近 20 处,或曾为"战国时期楚人对鄂东南地区铜矿进行开采、运输、仓储及管理中心",这一职能性质体现了东周时期城市功能逐渐发生分化的特征,具有一定的特殊性和代表性,是研究当时社会生产力的发展、社会的变革,以及楚地的区域城市结构、体系等问题的重要实物资料,同时有助于廓清当时楚地铜矿资源的开采、运输、管理、利用等行为的过程,对于楚国的经济、生产、资源管理等方面问题的研究具有较高学术价值。

鄂王城城址发现的陈爰金币,对于楚国货币史特别是战国晚期楚国的铸币制度及商品经济发展状况的研究具有一定的参考价值。出土的两件铭文戈,对于管窥东周时期楚国的兵器史和军事史有着一定价值,为东周时期鄂东南地区的楚文化研究也提供了珍贵实例。

(三)艺术价值

鄂王城城址与自然环境的协调和因地制宜的选址建设思想,体现出利用自然、改造自然的营城态度,展现了古人的生态观和设计智慧;所采集和出土的大量陶器、铜器、铁器、金器等器物,是研究东周时期鄂东南地区艺术文化生动具体的实物资料,具有突出艺术价值。

(四)社会价值

鄂王城城址作为当地文化资源的重要组成部分,是历史、文物、艺术等知识的科普教育场所,对于增强民族凝聚力,提高民族自信心,具有重要的历史意义和现实意义,对现代文化起着充实、完善、借鉴的作用,且有益于增强公众的文物保护意识和艺术鉴赏水平。

（五）文化价值

伴随着经济的发展与社会的不断进步,通过对鄂王城城址的科学保护和持续研究,以及合理的展示利用,将更加直观深刻地揭示出中华文明的无穷魅力,有利于加强地域文化认同感,在发掘文化旅游资源、促进地区文化建设、经济发展和生态保护等方面将起到积极的推动作用。

三、红三军团革命旧址

红三军团革命旧址位于湖北省大冶市刘仁八镇,遗产类型为近现代重要史迹及代表性建筑。1993年经湖北省政府批准为湖北省文物保护单位,2006年6月,被国务院批准为第六批全国重点文物保护单位。

红三军团革命旧址东南向西北航拍图

红三军团革命旧址正面图

红三军团革命旧址院内雕塑

（一）历史价值

1930 年 5 月,彭德怀率红五军主力与红五纵队会师,6 月初,彭德怀根据中共中央指示精神,将红五纵队扩编为红八军。之后,彭德怀在旧址所在地主持召开红五军、红八军军委扩大会议,即"刘仁八会议"。会上,按照中共中央决定,宣布成立中国工农红军第三军团,彭德怀为军团总指挥兼前委书记。红三军团的建立,适应了红军由以游击战为主向以运动战为主的战略转移,为红军队伍和各地革命武装的发展壮大、为推动湘鄂赣革命斗争形势的蓬勃发展、苏区苏维埃政权的建立巩固和发展奠定了坚实基础。

作为中国工农红军主力部队之一,红三军团是中国工农红军中一支勇敢善战的英雄部队,是湘鄂赣革命根据地的主力军,后与红一军团合成为红军第一方面军(后改称中央红军)的主力军团之一,在举世闻名的二万五千里长征中,英勇地参加了湘江、遵义、土城、会理等一系列重要战斗,以及翻雪山、过草地等重大军事行动,为夺取长征胜利作出了重大贡献。旧址为研究湘鄂赣边区革命斗争史和土地革命战争时期中国工农红军的战争史,提供了实物见证。

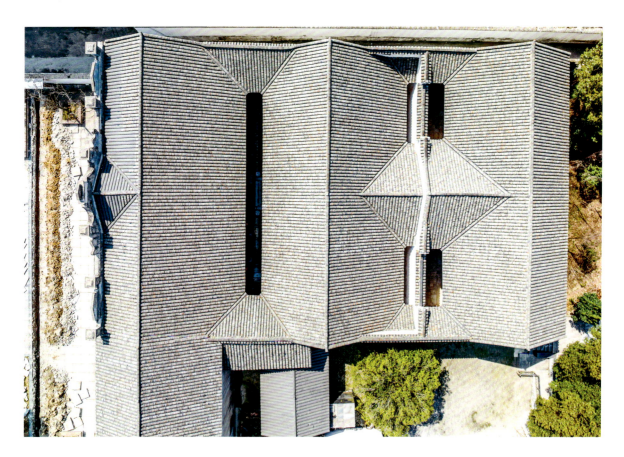

红三军团革命纪念馆俯视图

（二）科学价值

红三军团革命旧址所在地刘仁八镇地处湘鄂赣地区交界地带,战略地位十分重要。旧址建筑始建于清代中晚期,是大冶市现今保存完好的古建筑之一,多数承接了徽派建筑风格,以砖、木、石为原料,以木构架为主，砖木结构，灰砖灰瓦，梁架多用料较大，较注重装饰，表现出一定的装饰艺术水平。同时，由于经济、地理等环境因素的影响，旧址建筑又有自己的一些鲜明特点，比如不同于徽派建筑风格的是，在多数砖墙构筑中采用的是灰砖灰瓦，不施粉墙黛瓦，不刷白，仅勾白缝，砖石裸露在外，自成体系，其构件和装饰做法体现了当地传统建筑技术和风貌，反映了当时的建造水平，为研究建筑文化演变和建筑技术的发展提供了宝贵的实物资料，具有一定的科学价值，为多样化的两湖民居提供了研究实例。

（三）艺术价值

红三军团革命旧址作为鄂东地区有代表意义的晚清建筑群，其抬梁式雄伟高大的木质结构，雕梁画栋的建筑风格，以及壁画、浮雕、石刻、玉栏等对研究晚清时代的建筑风格和艺术，是特有审美观念和地方民俗文化的体现，对研究乡村民居及晚清鄂东生产、生活方式，都有较高的艺术价值。

（四）社会、文化价值

红三军团革命旧址承载了在此经历战争岁月的广大军民的历史记忆和深厚情感，体现了党和人民群众不畏艰苦，不惧牺牲，为新中国的成立而浴血奋战的崇高情操，这种精神和勇气应被后代继承。红三军团革命旧址是大冶市文物保护的核心内容之一，也是大冶市历史与文化的重要载体，作为中国革命的发祥地之一，旧址对传承红色文化、弘扬革命传统、发挥爱国主义教育职能起到积极的推动作用，具有不可忽视的文化价值。

四、大冶兵暴旧址

大冶兵暴旧址航拍图

第二章 不可移动文物

大冶兵暴旧址俯视图

2006年,大冶兵暴旧址被列入第六批全国重点文物保护单位。

大冶兵暴旧址位于大冶市东岳街道办事处武备社区。旧址原系武备学堂,亦称武校场,始建于清道光七年(1827年)。大冶兵暴旧址建筑群坐南朝北,为一进四栋砖木歇山式建筑组成,由北至南,依次纵

大冶兵暴旧址内部结构

大冶兵暴旧址入口雕塑

向排列四栋建筑,总建筑面积 2500 平方米。其建筑形式为中西合璧式,中式回廊,西式门窗。每栋建筑为单檐歇山式带回廊建筑,建筑与建筑之间有小桥廊屋相连。四栋建筑均为单檐歇山式屋顶,梁架为近代梁架与穿斗梁架相结合形式,上盖传统瓦件。整体建筑基本保存了原貌,排列有序,古朴典雅。

大冶兵暴是土地革命战争时期,中国共产党领导、组织发动的一次震惊全国的重大革命事件。大冶兵暴起义成功,是中央军委和周恩来的正确领导,有程子华等一批骨干很好地贯彻了周恩来的"精干隐蔽,积蓄力量,使一部分军阀部队脱离反动阵营,变白军为红军"的重要指示。这次兵暴目标鲜明、行动神速、牺牲少、胜利大,被中央军委誉为"模范的大冶兵暴",在我军建军史和中国革命史上都占有非常重要的地位。

大冶兵暴旧址对于研究鄂东南地区革命斗争史和中国工农红军史以及中国人民解放军的战争史,中国共产党的革命史,提供了实物见证,是中国近代革命史上重大事件的重要载体,具有极高的历史与科学价值。

大冶兵暴旧址正面航拍图

五、草王咀城址

草王咀城址航拍图

草王咀城址保护标志

草王咀城址环境航拍图

草王咀城址周边环境

1992年,草王咀城址被列入第三批湖北省文物保护单位。

草王咀城址位于大冶市金湖街道办事处田垄村的岗地上,东距大冶市城区6.5公里,东南距铜绿山古铜矿遗址2.7公里。年代为战国、汉。

草王咀城址呈不规则长方形,南北长280米,东西宽228米,面积6.5万平方米。东城垣残高3至5米,上截面宽13米,底宽30米;灰褐色土夯筑。南城垣长约220米,上宽13至19米,下宽24至26米,残高5至6米。西城垣长约260米,上宽11米,底宽约30米。北城垣长210米,上宽110米,底宽30米。古城东西城垣中段各有一个缺口,直线相对。缺口宽约20米,推测为城门,根据城址地形和周边环境分析,西城门可能为陆地城门,东城门可能为专门水运的城门。城外有护城河遗迹。

采集的遗物有生产用具、生活用具和建筑材料。生产用具主要有网坠,质地多为泥质灰陶,以模具制作为主,也有少量手工制作。建筑材料主要有筒瓦、板瓦和瓦当,质地多为泥质灰陶,制作方法为模制。瓦当多饰对称突起卷云纹;筒瓦半筒形,瓦身饰粗斜绳纹或直绳纹;板瓦长方形,瓦面微呈弧形,饰压印组绳纹。生活用具主要有鬲、罐、豆、鼎、盆、瓮等陶器,质地多为泥质灰陶,泥质红陶次之,纹饰以绳纹为主,也有弦纹和方格纹;另外还有一件铜壶,质地为青铜,残高17厘米,底径9.6厘米,腹径15.6厘米,器壁较厚,锈蚀严重。

六、五里界城址

五里界城址航拍图

1992年第三批湖北省文物保护单位。

里界古城址位于大箕铺镇五里界村石家大庄屋东北部,面积约12万平方米,城址平面呈长方形,南北长382米,东西宽270米。城垣底宽约35米,残高2至3米。城墙夯土中采集有石家河文化陶鼎足及西周时期陶罐、豆残片。城外有护城河遗迹。河道宽17.25米,深2.8米,城内采集有铜鼎、矛及陶鬲、豆等残片。

七、鄂皖湘赣指挥部旧址

鄂皖湘赣指挥部航拍图

鄂皖湘赣指挥部旧址大门

鄂皖湘赣指挥部室内结构

2002年,鄂皖湘赣指挥部旧址被列入第四批湖北省文物保护单位。

鄂皖湘赣指挥部旧址位于灵乡镇谈桥村。1942年5月,中共鄂豫边区党委决定开辟鄂南抗日根据地。1942年8月1日晚,鄂豫边区党委、组织部长杨学诚和新四军五师参谋长刘少卿遵照华中局大力发展鄂南抗日根据地的指示,率师特务团和14旅主力1500余人及部分地方干部由江北进驻谈家桥。同月10日,鄂皖湘赣指挥部(亦称鄂皖兵团或江南指挥部)在此成立。谈桥成为江南抗战的指挥中枢,被载入新四军军史。同年9月,在此成立大(冶)鄂(城)政务委员会,下辖13个乡抗日民主政府,主席冯玉亭。旧址始建于清代,1943年被日军烧毁,1947年修复,前后两栋,占地面积634平方米,面阔七间,硬山顶,砖木结构。

八、中共大冶中心县委旧址

中共大冶中心县委旧址

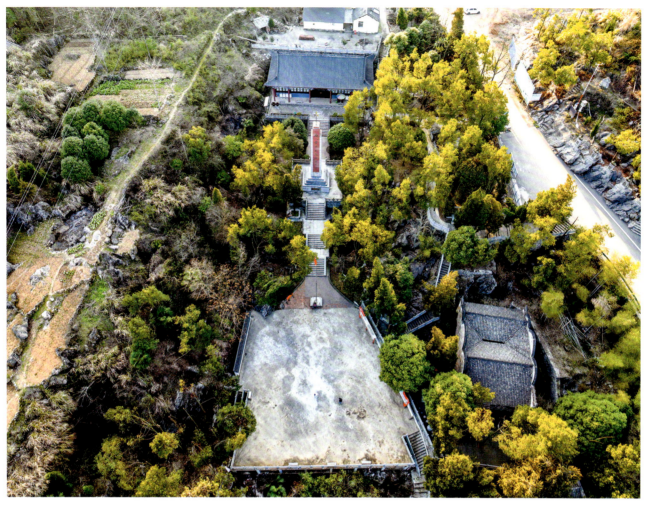

中共大冶中心县委旧址及附近环境航拍图

中共大冶中心县委旧址建筑

　　　　　　　　　　　　　　　　　　　　　　　　　　第二章　不可移动文物

中共大冶中心县委旧址周边环境

2008年,中共大冶中心县委旧址被列入第五批湖北省文物保护单位。

中共大冶中心县委旧址位于殷祖镇南山村,1929年5月,在中共湖北省委特派员曹大骏、吴致民的指导下,中共大冶中心县委在此成立,书记吴致民,下辖大冶、阳新、通山等县委和鄂城、蕲水、蕲春、咸(宁)鄂(城)通(山)特支以及鄂城县特区委。该中心县委先后隶属中共中央和中共湖北省委领导,成为鄂东南地区革命斗争的领导中枢和指挥中心。1930年5月撤销。旧址占地面积152平方米,单檐硬山顶、砖木结构。室内建筑为抬梁式木质结构,中间

为大厅，四周六根木柱，梁架为抬梁式，椽檩的一端搁在砖墙上，其余的均在架梁上，表现出古朴大方的建筑风格。中共中央军委原副主席张震上将为南山题写"英雄大冶，革命摇篮"。

九、红八军军部旧址

红八军军部旧址大门

红八军军部旧址建筑内部

　　2002年,红八军军部旧址被列入第四批湖北省文物保护单位。

　　红八军军部旧址位于殷祖镇马对于村,1930年6月,红五军在刘仁八村召开军委扩大会议,根据中共中央指示,将红五军第五纵队和地方武装扩编为"红八军",军部设此。旧址原为中西结合式两进楼房,占地面积约420平方米,现存三间,单檐硬山顶,砖木结构。

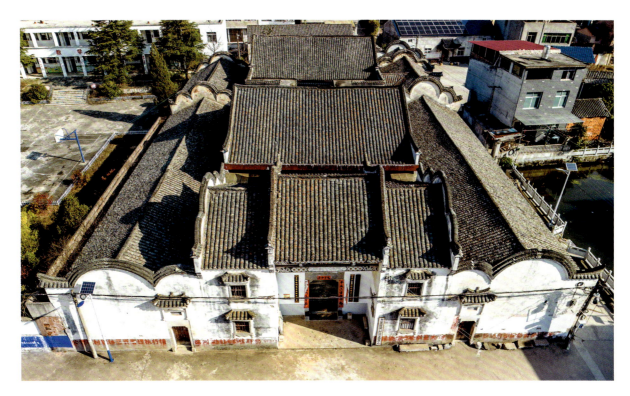

红八军军部旧址正面航拍

十、红十二军建军旧址

红十二军建军旧址正门

红十二军建军旧址总平面航拍

2021年，红十二军建军旧址被列入第八批湖北省文物保护单位。

红十二军建军旧址位于殷祖镇南山村，1929年7月，中共大冶中心县委将阳新、大冶等地游击武装在此合编成立中国工农红军第十二军。1930年1月，改编为红五军第五纵队第三支队。旧址原为前后两栋，占地面积约210平方米，面阔三间，单檐硬山顶，砖木结构。1981年重建。红十二军的成立是鄂东南第一支红色地方武装。以南山头一带为中心，积极开展武装斗争，打击反动势力，巩固了地方政权，扩大了苏区根据地，根据革命需要红十二军编入红三军团，使红军武装力量进一步发展壮大。

红十二军建军旧址建筑内部

十一、水南湾民居

水南湾民居

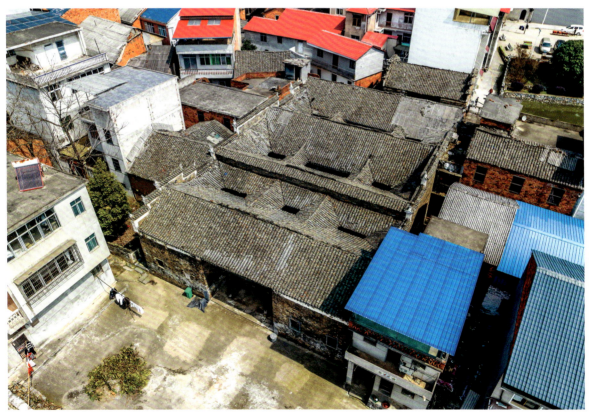

水南湾民居航拍图

2008 年，水南湾民居被列入第五批湖北省文物保护单位。

水南湾位于大冶市城南的大箕铺水南湾村东山西麓，距大冶城区 13 公里，315 省道斜穿村而过。相传南江水在此曲折回旋，穿雷山，泻挹江，水南湾由此得名。水南湾的这一支族人，是在明朝万历年间从江西瑞昌迁过来，以曹姓宗族聚居，现已繁衍数十代人。水南湾古民居里现住有曹姓村民 400 多户 2000 余人，为早先在这里落户的显赫先祖所建，后来因人丁兴旺而扩建，曾遍请当地匠师，耗时 13 年才建成如

水南湾民居建筑内部

今规模，为鄂东南地区罕见的保存相对完好的大型明清时期民居，湾内古民居为徽派建筑，现保存完整的有九如堂、承志堂、敦善堂、春晖书院、驿站等建筑，其中敦善堂为省保单位，该民居群砖雕、木雕、石雕独具风格，为研究大冶地区民居、民俗的发展演变提供了大量重要的实物资料。

十二、胡家大院

胡家大院正立面

胡家大院俯瞰图

胡家大院建筑内部

　　2008年,胡家大院被列入第五批湖北省文物保护单位。

　　胡家大院古民居位于大冶市灵乡镇长坪湖村新屋,大院始建于明末清初,一进八重,坐北朝南,中间是厅堂,靠天井连接两边数量不等的厢房,然后又与其他的厅堂相连,呈对称状依次排开。在大院厅堂里,巨大的圆木和高大的门板特别张扬,一些大梁、门窗上依然还保存了完好的木雕,木雕大都是人物、飞龙、雄狮、凤凰、花鸟等吉祥物。特别是在一栋老屋宽大的厅堂里,整个阁楼和门联、屏风都保存着完好的花卉、狮子等动物立体浮雕,令人赞叹。

十三、邹氏宗祠

邹氏宗祠正面

邹氏宗祠俯瞰图

2008年，邹氏宗祠被列入第五批湖北省文物保护单位。

邹氏宗祠位于刘仁八镇三策村邹贵卿自然村，是保存现场较好的一座宗祠。邹氏宗祠始建年代不详，清康熙九年（1670）扩建，坐东朝西，四合院式布局，面阔26米，进深60米，硬山灰瓦顶，砖木结构，抬梁式构架。该祠建筑体量宏大，雕刻精美，是鄂东南乡土建筑中的珍品。屋顶横梁的雕花粗犷精美，材料考究，造型张扬。宗祠内的石雕香案、花瓶、石狮堪称一绝。整个一套石雕，包括石案、石瓶、石狮，做工精美，雕笔细腻，花草动物栩栩如生，形态丰满生动，寓意深远，有着较高的艺术价值。

邹氏宗祠门匾

十四、老猪林遗址

老猪林遗址全景航拍图

1992年，老猪林遗址被列入第三批湖北省文物保护单位。

老猪林遗址位于大冶市大箕铺乡刘逊村西100米，新石器时代、商、西周遗址。面积约2.16万平方米，文化层厚1.2至1.5米。采集新石器时代陶片以泥质红陶为主，夹砂红褐陶次之，纹饰有划纹，器形有鼎、罐等；商代陶片以泥质红褐陶为主，夹砂红陶次之，纹饰有方格纹、附加堆纹，器形有鼎、鬲、尊、盆、缸等；西周陶片以泥质灰陶为主，泥质红褐陶次之，纹饰有弦纹、绳纹、乳钉纹，器形有鬲、豆等。

十五、太婆山遗址

太婆山遗址航拍

2008年，太婆山遗址被列入第五批湖北省文物保护单位。

太婆山遗址位于刘仁八镇云台村杜必昭东北100米，新石器时代至东周遗址。面积约1.3万平方米，文化层厚1至1.5米。采集新石器时代陶片以夹砂红陶为主，泥质黑陶次之，纹饰有网纹、方格纹、划纹，器形有鼎、罐、盆等；商代陶片以泥质红陶为主，夹砂灰陶次之，纹饰有弦纹、指窝纹，器形有鼎、鬲、豆、罐、钵等；西周陶片以泥质红褐陶为主，纹饰有绳纹、附加堆纹、弦纹，器形有豆、瓶、盆、瓮、钵及拍等；东周陶片以泥质红陶为主，泥质灰陶次之，纹饰有绳纹、弦纹，器形有鬲、豆、罐、盆、钵等。

太婆山遗址俯瞰图

十六、大谷垴遗址

大谷垴遗址航拍

大谷垴遗址航拍

2008年，大谷垴遗址被列入第五批湖北省文物保护单位。

大谷垴遗址位于大冶市大箕铺镇叶家庄村东南200米，新石器时代至商代遗址。面积约1.5万平方米，文化层厚0.8—1.2米。采集新石器时代陶片以泥质红陶为主，夹砂红褐陶次之，纹饰有划纹，器形有鼎、罐、缸及陶拍等；商代陶片以夹砂红褐陶为主，泥质灰陶次之，纹饰有绳纹、附加堆纹、波浪纹、弦纹，器形有鬲、盆、瓮等，该遗址对于研究鄂东南这一时期的历史文化特别是矿冶发展史具有重要价值。

十七、邹村墓群

1992年，邹村墓群被列入第三批湖北省文物保护单位。

邹村墓群位于大冶市金牛镇鄂王城村，战国至汉代墓群。面积约75万平方米。现存229座墓葬，和鄂王城墓葬对应。

邹村墓群文物保护标志

邹村墓群航拍

十八、红五军旧址

红五司令部旧址正立面

红五军司令部旧址俯视

2016年，红五司令部旧址被列入第三批黄石市文物保护单位。

红五军司令部旧址位于大冶市刘仁八镇刘仁八村三房垴。1930年5月，彭德怀率红五军主力四、五纵队从江西抵达鄂东南。6月初，红军击溃驻防阳新、大冶边境之国民党军五个团，一度攻占大冶县城。红五军司令部旧址原建于清代，坐北朝南，一进三栋两层，大门向西偏10度。占地面积360平方米，单檐硬山顶，砖木结构。石质门框、窗框，穹形窗顶，有两式柱和中式砖雕。房内为木质梁架结构，主梁架于墙上。方形柱础，主梁架木雕精细。

红五司令部旧址建筑细部

十九、北山头革命旧址

北山头革命旧址正面

北山头革命旧址航拍

2016年,北山头革命旧址被列入第三批黄石市文物保护单位。

北山头革命旧址位于殷祖镇北山村,旧址包含大冶县委、县苏维埃政府旧址和大冶团县委、列宁小学旧址两个点。大冶县委、县苏维埃政府旧址为一进连五古民居,砖木结构,坐西北向东南,占地面积约186平方米,建筑面积372平方米。大冶团县委、列宁小学旧址建筑面积约200平方米,为一进连九砖木结构,坐东向西,东西长,南北窄。

北山头革命旧址建筑内部

土地革命时期,当时的大冶县委、县苏维埃政府作为秘密办公地点驻扎在北山村黄家垄湾,1927年秋,中共党员黄美钦回鄂东南工作任湘鄂赣边区团委书记,并在北山村徐文寿湾创办了大冶团县委、列宁小学。彭德怀曾率红五军五纵队在此驻训休整,经黄石市、大冶市两级史志办多次考证,证实北山头是鄂东南地区最早的革命根据地之一。

二十、饶惠谭故居

饶惠谭故居航拍

饶惠谭故居

饶惠谭故居雕像

2016年,饶惠谭故居被列入第三批黄石市文物保护单位。

饶惠谭故居位于大冶市殷祖镇南山村下饶,始建于民国中期。故居坐北朝南,砖木结构,小青瓦屋面,共两层,面阔三间共 11.41 米,进深一间 8.34 米,通高 8.77 米。故居正面大门门墩刻有"六合同春",门簪刻有四花:额题有"谭长惠",书写流利工整,画额边均有彩绘,线条优美形象;在墙体南面塑有一条龙,从残存部分来看做工精美细腻图案优美;两边封火墙打破了传统观念改为曲线型,极有艺术感。

饶惠谭,1915 年 3 月出生于湖北大冶殷祖镇南山村下饶塆。1928 年参加中国工农红军,1942 年 2 月,饶惠谭任新四军二旅第四团(后为四十八团)副团长兼参谋长,先后参与指挥了多次反"扫荡"战斗,以及长兴战役、周城战斗等,屡建战功。1946 年,饶惠谭任华东野战军第六纵队十六旅副旅长。1947 年,调任渤海纵队十一师(后改为 33 军 99 师)副师长,后任解放军第三野战军第三十三军九十九师师长。参加了淮县战役、周村战役、济南战役、淮海战役、渡江战役和上海战役。在渡江战役中,他首批渡江,冒着敌人炮火冲上南岸,指挥部队攻占荻港。上海解放后,99 师改编为淞沪警备司令部公安第十六师,饶惠谭任师长。他和同志们一同担负起了以上海市杨浦工业区为主的繁重警备任务,不辞辛劳地为保卫新生的革命政权奉献自己的力量。1952 年,饶惠谭参加抗美援朝战争,任中国人民志愿军第二十三军参谋长。1953 年 3 月 21 日,第二十三军指挥所遭到敌机轮番轰炸,饶惠谭壮烈牺牲,时年仅 38 岁。1955 年,饶惠谭的遗骸从朝鲜迁回祖国,安葬在沈阳抗美援朝烈士陵园。

第三章

可移动文物

大冶市的可移动文物丰富多样,涵盖石器、铜器、陶瓷器、铁器、玉器、骨角牙器、漆器、竹木器、书画、古籍等类别。年代从旧石器、新石器、商周、汉、六朝、唐宋明清至近现代。这些文物能够较为完整、准确地反映本地区的历史文化特性,揭示了历史文化内涵和社会发展趋势,具备显著的历史、艺术及科学价值。

大冶博物馆的馆藏文物现有藏品主要为陶瓷器、青铜器等,博物馆藏品主要来源为移交、征集、采集、捐献、拣选。藏品总数为3155件,其中保存较多的是铜币、陶瓷器、青铜器、旧石器、新石器、骨角化石、铁器、金银器、玉石器、漆木器、古籍书画等。

近年来,为切实保护好可移动文物资源,大冶市委市政府及有关部门采取了一系列有力措施,扎实推进文物保护工作。如设立文物保护专项资金,确保文物保护工作的经费保障,同时,积极引导社会力量参与文物保护,形成政府主导、部门负责、社会参与的文物保护新格局;引进数字化保护、环境监测等先进技术手段,采取分类保存的方式,杜绝各类文物相互之间的交叉感染,远离污染和放射物,保持库房空气流通,杀虫灭鼠,对易腐蚀,易破损的文物进行科学处理保护,对文物进行全面科学的保护,加强预防性保护,有效降低文物受损风险;通过举办展览、讲座等方式,普及文物保护知识,增强公众的文物保护意识。

通过上述途径,大冶可移动文物保护取得了显著成效。保护这些人类文明的见证物,对于传承优秀传统文化、促进文化交流以及提升文物保护利用水平具有重要意义。

商代夔龙纹提梁铜卣

商代夔龙纹提梁铜卣　　　　　　　　　　商代夔龙纹提梁铜卣底部纹饰

商代夔龙纹提梁铜卣，早年出土于原大冶县罗桥乡港湖村砖厂，通高32.8厘米、器身高29.4厘米、盖高12厘米、子口口径11.3—15厘米、母口口径13—17厘米、圈足径15—18厘米，重3.82千克。

青铜卣是商周时期使用的酒器。它由青铜铸造而成，范线清晰，椭圆形腹，圈足外侈，索状提梁，桥形环耳，子母口，带盖，盖钮为瓜棱状，盖面有两条圆圈纹带，圆圈纹带内用云雷纹打地，再饰两条夔龙纹，龙首相对处饰一兽面纹，构成一幅完整对称画面；器身口沿下所饰纹饰与盖面相同，只是纹样稍大，且凸起更多，使得纹饰更加清晰并具有立体感；近底部圈足外饰四组相互叠压的云雷纹装饰带；圈足内底饰蝉纹。

这件青铜卣与河南安阳殷墟出土的"二祀戈𠨢其卣"几乎相同，"二祀戈𠨢其卣"是商纣王二年奴隶主贵族戈𠨢其所铸造的青铜礼器，该器有铭文42字，记载了戈𠨢其随商纣王打猎、祭祀活动中因功受赏的历史事件。

因此，大冶市博物馆馆藏的这件青铜卣时代应与"二祀戈𠨢其卣"相近，为殷墟所处的商代晚期。这件在中原地区十分典型的"商器"出土在长江以南，发说明位于中原的商王朝其南方领土"南土"已经越过黄河、跨过长江，来到了今天的大冶地区。这不仅为商代历史研究增添了新的资料，而且印证了大冶地区悠久的文化历史。

周代方銎铜斧 1

周代方銎铜斧，刃宽 9.8 厘米，高 15.7 厘米，銎宽 9 厘米，厚 4.2 厘米。銎方形，刃弧形，銎部有两条箍纹，箍纹下方有一长方形孔。

青铜时代，铜金属的主要作用在于"国之大事，在祀与戎"。斧（斨）:《说文·斤部》:"斧，所以斫也。从斤，父声。"《释名·释用器》:"斧，甫也。甫，始也。凡将制器，始用斧伐木。"《集传》:"隋（椭）銎曰斧，方銎曰斨。"《说文·斤部》亦曰:"斨，方銎斧也。"斧钺用作刑具的时间很早。商代金文中就有用钺砍杀人头的形象，《墨子·鲁问篇》:"斧钺钩腰，直兵当心。"腰斩时以椹质承斧钺。《国语·鲁语》中"大刑用甲兵，其次用斧钺"的语句，便是斧钺用作刑具的证据。《说文·斤部》:"斤，斫木斧也"。段玉裁注:"凡用物斫者皆曰斧，斫木之斧则谓之斤。"甲骨文"斤"的字形和现代木工用的锛相近。

周代的斧钺承袭殷制，大多数为管形銎，上有孔，以安装斧柄。少数为空头斧。铜斧是权力的象征，就铜绿山古铜矿遗址出土的一系列工具而言，这些铜质工具代表了那个时期先进生产力的发展水平，表明铜矿冶业在当时的重要地位。

周代方銎铜斧 2

周代方銎铜斧,刃宽14.3厘米,高17厘米,銎宽9.8厘米,厚5.5厘米。銎方形,刃弧形,銎部有一长方形孔。

周代方銎铜斧3

　　周代方銎铜斧，刃宽 10.6 厘米，高 14.6 厘米，銎宽 9.4 厘米，厚 3.8 厘米。

　　　　　　　　　　　　　　　　　　　　　　　　　　　第三章　可移动文物

东周方銎铜斧 1

　　东周方銎铜斧,高 27.6 厘米、刃宽 26 厘米、銎孔长 11.6 厘米、宽 6.8 厘米。器型硕大,保存完整,重 4770 克,在大冶市铜山口狮子山矿采集。铜斧范铸而成,圆角方銎,銎外一周凸箍,斧正面上方有一不规则形圆孔,以固定木柄与铜斧的钉孔,弧刃,刃部有磨损和使用痕迹。此铜斧年代属春秋晚期。

东周方銎铜斧 2

东周方銎铜斧，刃宽
8.3 厘米，高 12.2 厘米，銎
宽 5.8 厘米，銎厚 2.1 厘米。

东周方銎铜斧 3

周代方銎铜斧，刃宽 14.5 厘米，高 17.8 厘米，銎宽 9.7 厘米，厚 5.6 厘米。铜斧红铜质，銎部断面略呈方形，双面刃。

东周凸条纹方銎铜斧

东周凸条纹方銎铜斧，刃宽 6 厘米，高 8 厘米，銎宽 9.8 厘米，厚 2.3 厘米。方銎，腹中空，弧刃。

西周方銎铜钺

　　西周方銎铜钺，刃宽 12.5 厘米，高 10 厘米，銎宽 10 厘米，銎厚 1.7 厘米。

　　该钺刃部近直形，整体显得比较宽大，两侧刃部弧曲宽阔，两角略微上翘，相对于斧而言刃面更大、厚度更厚。

战国素面青铜钺

战国素面青铜钺,刃宽8.3厘米,高8.2厘米,銎宽9.9厘米,銎宽1.3厘米。

西周方銎黄铜凿

　　西周方銎黄铜凿，刃宽 2.8 厘米，高
10.2 厘米，銎宽 3.1 厘米，銎厚 2.5 厘米。

　　《说文》："凿，所以穿木也"，凿为木
工挖槽打孔用的工具。其基本形制为凿
体细长，上宽下窄，刃部略呈弧形，直銎，
銎部略厚似箍。使用时多借助于槌。盛
行于春秋战国。

周代青铜甬钟

西周阑翰长枚甬钟,高41.5厘米,宽22厘米。甬钟呈扁圆腹腔式,顶部有长柄,底部呈圆弧口,身上均匀分布两组短枚,枚间饰有云雷纹。

东周青铜卷云纹甬钟

东周青铜卷云纹甬钟,高25厘米,宽12.5厘米。整体呈合瓦形结构,为上细下粗带有锥度的圆柱形,钲篆四边以连缀小乳钉为界,正鼓部和篆间饰有卷云纹,枚间饰有云雷纹。

甬钟,周代青铜乐器,属打击乐器类,钟体合瓦形结构,因最上面的平面"舞部"之上立有"甬柱"而区别于舞部上立有悬钮的钮钟而得名。顶部正中有柄,柄侧有钮,悬挂时钟体倾斜,底端两侧尖锐,口部呈凹弧形。钟体上常有精美的纹饰,并铸有柱状突。通常成编使用。甬钟出现于西周时期,流行至春秋时期。

《礼记·乐记》记载:"乐者,天地之和也;礼者,天地之序也。"钟在使用时以大小相次成组悬挂,以木槌敲击钟体,声音高低不同,共同奏成悠扬旋律,在宗庙祭祀和贵族宴飨等礼仪环节必不可少。西周统治者赋予钟、磬类大型编悬乐器以深刻的政治内涵,形成了以编钟为核心的乐悬制度,成为礼乐制度的重要组成部分,用以维护统治秩序。春秋晚期以后,周王权日渐衰微,诸侯国大肆僭越乐悬制度,编钟数量增加,演奏场面宏大。

战国环钮附耳云雷纹兽足青铜鼎

　　战国环钮附耳云雷纹兽足青铜鼎通高 28.8 厘米，口径 19.5 厘米。

　　三足圆鼎，有其盖。鼎身浑圆，下接三足，微撇。沿上附耳，耳体方正有力。其鼎型庄重饱满，方形双耳对称冲天，规矩厚实。其中之盖，中心铸直立主环钮，外铸三辅助环钮；其鼎腿为兽头装饰，更具雄风。整体赏之，雄浑大器，倍显标准雄壮。纹饰刻花繁简适宜，穿插有序。

铜鼎是从陶制的三足鼎演变而来的，最初用来烹煮食物，后主要用于祭祀和宴享，是商周时期最重要的礼器之一，变为统治阶级政治权利的重要象征，视为镇国之宝和传国之宝，也是"明贵贱，别上下"等级制的标志。西周时期，天子九鼎，诸侯七鼎，卿大夫五鼎，士三鼎或一鼎。

战国矮足环耳带盖青铜盉

战国矮足环耳带盖青铜盉宽 15 厘米，口径 17.2 厘米。扁圆体四钮三足式体扁圆，敛口圜底，盖和器腹各有四个环钮，三足极小，作兽蹄形，盖顶有环形捉手。

战国青铜鼎

战国青铜鼎直径 20 厘米, 口径 14.9 厘米。

青铜鼎有烹煮肉食、实牲祭祀和燕享等各种用途。《周礼·天官·亨人》: "掌共鼎镬。"郑玄注:"镬所以煮肉及鱼腊之器, 既熟, 乃香于鼎。"《说文解字》记载:"鼎, 三足两耳, 和五味之宝器也。"青铜鼎本是用来烹煮肉食的器物, 相当于现在的锅。自从禹铸九鼎以象九州, 鼎从一般的实用炊具发展为代表国家和权力的国之重器。西周中期以后形成的列鼎制度, 对不同阶层使用鼎的数目有着严格的规定。《公羊传》何休注云:"天子九鼎, 诸侯七, 大夫五, 元士三。"这种通过形制相同、大小依次递减的一组鼎, 来显示不同的身份等级的制度, 使鼎成为"明贵贱, 辨等列"的标志性器物。表现在埋葬制度上, 就是不同等级的贵族, 随葬数量不同的铜鼎。这是当时宗法等级制度最直接的反映。西周晚期至春秋早期, 是列鼎制度的正式形成与规范阶段。至春秋中晚期, 僭越礼制的现象开始出现, 用鼎制度也遭到了破坏, 列鼎制度逐渐退出历史舞台。

战国青铜甗

　　青铜甗,大冶市罗桥乡金桥村出土。年代为战国时期,通高47.2厘米、甑口径34.5厘米、鬲口径19.4厘米。由鬲和甑合成,青铜铸造,范痕清晰。鬲为直口,沿外侈,束颈较短,平沿外侈,束颈广肩鼓腹,三柱足,分裆鼎立。甑深腹盆形,两方耳外侈,长方形中空,底部长条形箅孔。

　　早在新石器时期我们的祖先就发明了"陶甗"。"甗"的发明是烹饪技术的一次革命,它让人们从单纯的水煮、火烤到利用蒸汽加工食品,大大地丰富了食品的品类,能使食材的营养得到充分的保存,改善口感,杀灭病菌,让人们能充分吸取营养,有利于健康,有利于人类繁衍生息。

战国青铜带钩

战国如意形青铜带钩,长 4.6 厘米、宽
0.9 厘米。

带钩,是古代贵族和文人雅士所系腰
带的挂钩,古又称"犀比"。多用青铜铸造,
也有用黄金、白银、铁、玉等制成。流行于
各地。它们不仅形式多样,而且多采用包
金、贴金、错金银、嵌玉和绿松石等工艺,斑
驳陆离,多姿多彩。带钩在战国中晚期的
使用相当普遍,出土及传世的数量都不少,
许多带钩制作考究,镶金嵌玉,雕刻铭文,
美不胜收。

战国青铜砝码

砝码，古代又称"铜环权"，是与天平配合使用的称重工具。战国青铜砝码共13枚，重量从3克到245克不等，约合汉制五铢、一两、二两、四两、半斤、一斤，推测为称量黄金、贵重药材、香料等物品所用。

战国昂援直内青铜戈

　　战国昂援直内青铜戈,高 11.1 厘米,刃宽 2.7 厘米,内宽 2.9 厘米。锋前端呈三角形,掾部面阔,上刃较平,与上阑相接,下刃与胡部相接,弧度很大。戈身共有三穿,两竖穿位于胡部,一横穿位于内部。

　　戈,商周时期兵器最常见的一种。古称勾兵,是用于钩杀的兵器。《考工记》中记载说:"戈,短兵器也,秘长六尺六寸。"戈由戈头、秘、秘冒、鐏构成。商和西周秘冒大多为木质,也有青铜铸的。鐏的装置是东周时代发展起来的。考古发掘中发现的戈绝大部分只剩青铜铸的戈头。《考工记·冶氏》:"戈广二寸,内倍之、胡三之、援四之。"指出了戈头各部分的比例。援是戈的长条形锋刃部分,内是连接援的部分,胡是靠近秘的下端延长的部分,其上有穿,以用皮索固定。

战国青铜蚁鼻钱 1

战国贝形青铜蚁鼻钱,高 2 厘米,宽 1.2 厘米。

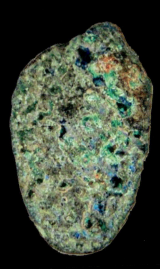

战国青铜蚁鼻钱 2

战国贝形青铜蚁鼻钱,高 1.9 厘米,宽 1.15 厘米。

战国贝形青铜蚁鼻钱 3

战国贝形青铜蚁鼻钱，高
1.8 厘米，宽 1.3 厘米。

战国贝形青铜蚁鼻钱 4

战国贝形青铜蚁鼻钱，高 1.85 厘米，宽 1.2 厘米。

蚁鼻钱是战国时期楚国流通使用的铜贝，是一种面部有字、形状似海贝的货币。楚国铜贝别称甚多，如鬼脸钱、蚁鼻钱、蚆壳、骷髅牌、瓜子金、拉拉子等，均指小钱之意。其面文有 10 种，有普通贝、鎏金贝、空壳贝、合背贝等。

蚁鼻钱是江淮流域楚国流通的货币，由仿制贝转化而来。它是楚国主要的货币之一，也是东周时期圜钱、布币、刀币、贝币四大货币体系中重要的一类。由于楚国的经济、文化比中原各国落后，镈、刀、纺轮的使用也较迟，铜铸币就沿用了仿制贝的形态。蚁鼻钱的形制，为椭圆形，正面突起，背面磨平，形状像贝但体积较小。目前发现的蚁鼻钱钱文种类有近十种。其中最常见的钱文是巽，其次是朱，再其次是君、全、釿、行、安。最常见的"巽"字蚁鼻钱还有多种异书字形。其中"巽""君""釿""行"的释读是比较明确的，"全""安"还有部分争议。

汉代青铜弩机

汉代青铜弩机高 19.1 厘米,口径 17.8 厘米。

弩是杀伤力较强的远射武器。弩机是木弩的铜质机件,装置于弩的后部。从目前考古发掘的情形来看,弩最早出现于春秋晚期的楚国地区。湖南长沙南郊扫把塘 138 号墓中出土的弩,木臂用两段硬木合成,果漆,通长 51.8 厘米。河北、河南、四川等地的战国时期墓中也均有出土。

弩主要由弓和弩臂、弩机三个部分构成。弓横装于弩臂前端,弩机安装于弩臂后部。弩臂一般为木制,用以承弓、撑弦,并供使用者托持;弩机用以扣弦、发射。弩与强弓配合使用,发射时,瞄准望山的刻度,扣扳悬刀,牙即缩下,其所钩的弦骤然松开,有力地将矢发射出去。计算弩的强度单位称石,从机身上的铭文和汉简以及古籍记载,弓力有一、三、四、五、六、七、八、十、十二石等数种,最多使用的是六石,六石合今的重量。

最迟在正始年间(公元 240—249 年),曹魏的弩开始由尚方官署的中、左两个尚方分别承制,一个生产"牙""悬刀""郭"等金属部件,一个生产弩臂等木构件。尚方设有监作吏,总负责弩的生产,中、左尚方各由"匠"组织生产,并有具体负责生产的"师",体现古代制造兵器标准件的分工协作。

东汉规矩纹铜镜

东汉规矩纹铜镜直径 12 厘米,厚 0.4 厘米。

圆形,半圆钮,柿蒂纹钮座。钮外围方格,方格外绕乳钉八枚。主纹饰为 T、L、V 规矩图案。内区置四对神鸟纹,外区为双圈三角齿纹缘。规矩镜是西汉至东汉最精美、流行时间最长的一种铜镜,其主要特征是在装饰花纹中间,有规则地分布着"T、L、V"这三个符号,又因这些符号形似木工用具中的规和矩,所以称之为"规矩镜"。

东汉三角缓带四兽纹铜镜

　　铜镜呈圆形，圆钮，圆钮座。直径11.6厘米，内区四神兽与四方枚相间环列。外缘为连续菱形纹。

　　此镜模铸精良，造型饱满，形象活泼，栩栩如生。主纹饰为四乳钉与盘旋其间的四条虺龙，四乳有圆座，四虺成钩形躯体，两端同形。姿态卷曲，身旁均饰禽鸟纹，其间云气升腾，奇幻无比。主纹饰外再饰一周栉齿纹，宽素缘。

唐代四鸾衔绶纹铜镜

灵乡坳头村出土，唐代，直径 16.7 厘米，八瓣莲花形，圆钮，内切圆弧，四鸾衔绶带同向绕钮飞行在折枝花卉中，边缘八瓣中有八只蝴蝶面向内心，寓意"蝶恋花"。花鸟纹铜镜的一种，出土或传世品都比较多，流行于盛唐时期。主题纹饰为鸾鸟在花枝间环绕，鸾鸟口衔绶带，因"绶"与"寿"谐音，寓意长寿。菱花镜镜缘为尖状花瓣组成，一般为八瓣或六瓣，为唐代新出现的镜形，是对以圆形为主传统镜形的突破。

唐代抚琴引凤葵花铜镜

唐代抚琴引凤葵花铜镜直径16厘米。

此镜为八瓣葵花形，正面微凸，光可鉴人。在镜的背面，共有4组图案组成不同的画面，上图有山峦起伏、行云萦绕，一鹤在明月的辉映下，引颈直飞云天。下图一假山围绕的泉池，池中伸出一片硕大的荷叶，亭亭玉立托着龟钮。镜钮左侧有一片修竹，还有一位盘膝抚琴而坐的士人，前几案上陈有书卷，正悠闲地弹琴自娱。镜钮右侧，有一凤似被琴声所动，昂首循琴声作展翅欲飞状。带给人一种画境幽深、乐韵悠长之感。

唐代六花圆钮葵花铜镜

唐代六花圆钮葵花铜镜直径 14.5 厘米。该镜作六瓣葵花形,扁平圆钮,造型雅典,铜镜乌黑光亮,铸工精细,纹饰规整,寓意祥瑞。

宝相花又称宝仙花、宝莲花,汉族传统吉祥纹样之一。吉祥三宝之一:盛行于中国隋唐时期。相传它是一种寓有"宝""仙"之意的装饰图案。六花规矩宝相花,也称小团花,内区六朵盛开的团花环绕成圈,每朵六瓣,自成一圈。锦团花簇,富丽庄重,是唐代比较流行的镜式,只是在花形上有所变化而已,极富写实与装饰意味。所谓宝相花,一般是指某些自然形态的花朵,主要是莲花进行艺术加工处理,变成装饰性极强的花朵纹样。

唐代海兽葡萄纹铜镜

唐代海兽葡萄纹铜镜直径 11.4 厘米, 厚 0.9 厘米。圆形, 背面为伏兽钮, 中间一圈凸弦纹将镜背分为内外两区, 内区有姿态各异的六只高浮雕海兽攀缘逐戏于葡萄叶蔓之间, 葡萄和叶蔓铺地。外区有葡萄枝蔓和蜂蝶雀鸟环绕, 百态千姿。镜缘有一圈花瓣纹作装饰, 各区纹饰分区明显。整个图案构思精巧, 写实生动, 浑然一体, 富丽端庄。由于青铜质地中锡和银的合金比例加大, 该镜镜面净白光亮。

"海兽葡萄镜"之名出自清代《西清古鉴》一书, 而"海马葡萄镜"之名则出自宋代的《宣和博古图》, 现在一般通称为"海兽葡萄镜"。所谓海兽, 其原型实为狮子, 也称作"狻猊"。海兽葡萄纹镜流行于唐代, 以武则天时期最为盛行。它是中国古代铜镜史上鼎盛时期的杰出代表, 是丝绸之路文化交流成果的优秀载体。其主体纹饰的原型——狮子和葡萄, 均来自丝绸之路上的西域各国。葡萄纹样进入中国后与四神十二生肖、瑞兽等纹样结合起来, 成为具有中国特色的装饰纹样。这种繁缛富丽、花团锦簇的装饰风格充分体现了盛唐时期的繁荣以及多民族文化的相互交融。

唐代鼓腹提梁青铜罐

　　唐代鼓腹提梁青铜罐高 14.9 厘米，口径 17.5 厘米，素面，敛口、鼓腹、圜底，下腹部直径最大。

唐代云雷纹直柄铜熨斗

　　唐代云雷纹直柄铜熨斗长 43.3 厘米，敞口，宽平折沿，浅弧腹，平底。长直柄，柄横截面为长方形。

　　熨斗最早出现于西汉时期，是熨烫纺织物的一种生活用具。汉魏时期以青铜质为主，有的熨斗上还刻有"熨斗直衣"的铭文，可见那时候的人们就已懂得了熨斗的用途。魏晋以后带座熨斗逐渐消失，形制趋向单一化。唐代诗人王建《捣衣曲》描写了一位贫苦女子使用熨斗的场景："重烧熨斗贴两头，与郎裁作迎寒裘。"

汉泥质黑陶猪

汉泥质黑陶猪长 20 厘米,高 9.9 厘米。

猪乃是最早被人类驯化的动物之一,具有生长快、成熟早、繁殖能力强、杂食等特性,对已从事定居农业的人们来说,无疑是最适宜饲养的家畜。在中国古代,猪历来被视为财富的象征。据目前的考古资料,在西安半坡、河南新郑裴李岗、浙江余姚河姆渡等新石器时代遗址中,已经发掘出家猪的骨骼;裴李岗文化时期还出现了陶塑猪的形象,我国古代崇尚厚葬,尤其是汉代政治稳定,农业得到长足的发展,庄园经济的发展使地主官僚的生活呈现出"谷物满仓,牛羊成群"的景象,这时汉代墓葬中,陶猪等家畜家禽陪葬品大量出现,在考古发掘的古墓中还时常发现猪等动物的骨骸,很有可能是用活家畜陪葬的一种风俗。

六朝黄釉弦纹四系盘口陶壶

六朝黄釉弦纹四系盘口陶壶高 28.2 厘米,口径 14 厘米,盘口,束颈,鼓腹,圈足。

盘口壶大量出现于西汉时期,经历东汉、三国、两晋、南北朝的发展,延续至隋唐五代时期。口沿上折,口部形似盘子,束颈,鼓腹,无柄,但在肩部常有系。不仅沿用时间长,而且分布地域广,汉代以后的盘口壶在全国许多地区有所发现。长江中游地区盘口壶的资料最为丰富,从战国至宋代均有发现。

六朝附耳刻划纹盘口壶

　　六朝附耳刻划纹盘口壶高 27.5 厘米,
口径 12.5 厘米。

　　盘口壶因器口为盘状而得名。一般
为细长颈、溜肩、圆腹、圈足。北朝至隋的
则短颈,平底。北朝的瓶,腹瘦长,最大腹
径在近底处。隋代的壶则颈部细长,腹部
较丰满,略呈椭圆形。

东晋提梁虎子

东晋提梁虎子长28.6厘米,高19.8厘米,口径6厘米。

虎子的由来可见于《西京杂记》卷五《金石感偏》:"李广与兄弟共猎于冥山之北,见卧虎焉。射之,一矢即毙。断其髑髅以为枕头,示服猛也,铸铜像其形为溲器,示厌辱之也"。《周礼·天官》提到"玉府"掌管"王之燕衣服……凡亵器",汉郑玄注:"亵器,清器,虎子之属"。清孙诒让在《周礼正义》中也说道:"虎子,盛溺器,亦汉时俗语。"又《史记·万石张叔列传》裴骃集解:"贾逵解周官,楲,虎子也"。许慎《说文解字》也说:"楲,楲窬,亵器也。"由此可知虎子便是盛溺器"楲",而且此类溺器在汉代就有"虎子"这个称谓了。至迟在商周时期就出现类似形制的溺器了,且汉晋时期虎子十分流行。

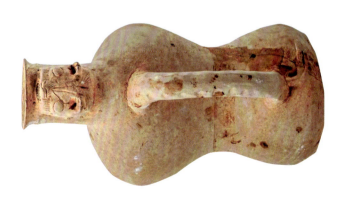

东晋盘口双系带鋬鸡首壶

　　东晋盘口双系带鋬鸡首壶,金湖街办胡奎村出土,高18.5厘米、口径6.3厘米、底径10.2厘米。盘口,长颈,鸡首,扁圆腹下部收成平底,素面无纹,肩上两个对称的桥形耳,肩上一圆形长柄把手连接盘口。因壶嘴作鸡首状而得名,是西晋至唐流行的一种瓷壶。

五代十国敞口瓷执壶

　　五代十国敞口瓷执壶，高19.4厘米，口径7.45厘米，底径7.9厘米。撇口，长颈，瓜棱椭圆腹，圈足不高。颈腹两侧附双系，腹部另一侧附有微曲直流。通体施青釉。

　　执壶又称"注子""注壶"，主要承担储水、注水和保温的功能，所以短直流更方便大量、快速地注水。唐前期器呈盘口，短颈、鼓腹，圆筒形或六角形短直流、曲柄，壶体较矮，鼓腹，假圈足。唐中晚期大量流行，基本取代了鸡首壶、凤首壶等。这时期执壶式样繁多，有短流、长流、曲柄、直柄等数种；五代至北宋器身渐高，通体多压4至6条瓜棱，流渐趋细长微曲，曲柄高于壶口，平底变为圈足并多有注碗相配。

北宋花草卷云纹黄瓷罐

　　北宋花草卷云纹黄瓷罐高
5 厘米，口径 4.7 厘米。

北宋花草乳钉纹瓷罐

　　北宋花草乳钉纹瓷罐高 7.5 厘米，口径 8 厘米。

北宋褐釉乳钉纹小瓷罐

　　北宋褐釉乳钉纹小瓷罐高 6 厘米，口径 6.4 厘米，唇口外侈，直颈、鼓腹、平底，器内及口、颈施褐色釉，腹部及底部露胎。颈部饰乳钉纹，腹部刻划同心圆纹，圆心施点状黄釉。

北宋褐黑釉窑变小瓷瓶

　　北宋褐黑釉窑变小瓷瓶，长9厘米，口径2.9厘米。

　　玳瑁纹的做法是在器物上先施一种氧化铁含量较高的釉料，生坯挂釉，入窑焙烧后再甩洒一种氧化铁含量较低的釉料，二次烧成，烧成时产生交融、流淌，花色变化无穷。玳瑁是一种爬行类动物，在民间传说中，玳瑁是神龟，能活千岁，是长寿与祥瑞的象征。玳瑁的龟壳及裸露的皮肤表面有独特的褐黄相间的花纹，称之玳瑁纹。玳瑁纹点状不规则，有大有小连成片，由点成块，由点连成片。

北宋花草纹玉壶春瓷瓶

北宋花草纹玉壶春瓷瓶高 9.5 厘米，口径 2.4 厘米，撇口、细颈、垂腹、圈足。

玉壶春瓶最早出现在宋代，以后历代都有烧制，但每个历史时期的造型和装饰都略有不同。从宋至清，年代越晚，瓶的颈部越短，腹部越大、越圆，圈足越宽。釉彩装饰在宋代目前仅见北方窑口的品种，如定窑的白釉刻花、磁州窑系的白地黑彩或褐彩等；元、明时主要有青花、釉里红、白釉等；到清代又增加了粉彩及其他颜色釉等品种。

北宋青绿釉兽腿足瓷香炉

　　北宋青绿釉兽腿足瓷香炉高 6.3 厘米，口径 6.8 厘米，北宋青瓷鬲式炉，气势恢宏、造型精工、考究、形体优美。三叉足结构，折沿、短颈、丰肩、鼓腹、三足，突出的是釉色之臻美。

　　鬲是商、周时期著名青铜器。鬲与鼎的基本用途相同。凡是遇到祭祀天地、礼敬鬼神、招待宾客和烹制珍异佳馔时，必须使用鼎及鬲，上古时期作为炊具，最初为陶质，商代之后出现青铜。其基本造型是敞口、袋足、圆腹，青铜鬲主要流行于商代与春秋时期。由南宋时期龙泉窑烧制的青瓷鬲式炉的标准样式出自宋王黼撰《宣和博古图》。

北宋莲花瓣冰裂纹青瓷碗

北宋莲花瓣冰裂纹青瓷碗高 6.4 厘米,口径 13.3
厘米。

莲瓣纹碗是宋代青瓷中的经典造型之一,它烧制
时间长,数量大,流传广,影响深远。篦划纹在北宋
非常流行,填充篦划线的莲瓣纹无疑是时代审美的反
映。南宋早期的莲瓣碗则清晰而明朗,此时的莲瓣纹
以刻为主,瓣脊出筋,瓣面自中脊坡向两侧,立体感
很强。双重仰莲瓣者,外层瓣瓣独立,内层辅衬相应,
单层莲瓣亦如是,花瓣间的衔接内外分明。此时的花
瓣瓣面大小适中,弧线轮廓清晰流畅,瓣尖处尤见用
力,干净利落,视觉上是浅浮雕式与刻划花式莲瓣纹
的综合,有一种质朴生动的韵味。除碗外,还有莲瓣
纹碟等器物,纹饰风格相类。总的来说,在大环境下,
烧制工艺,胎釉特征都起了变化,莲瓣碗本身器型的
式样也在变化,纹饰变迁是非常自然的。一个主要的
变化趋势就是莲瓣边缘用阳刻突出立体轮廓的手法
逐渐弱化,莲瓣形象逐渐模糊,花瓣间错落的工整排
列也逐渐消失,瓣瓣独立渐渐变为连绵相接,莲瓣的
刻划纹饰渐显随意。当然也不能一概而论,尤其中期
一些做工精湛的莲瓣碗,花瓣瓣面丰满,瓣脊出筋挺
拔。

北宋青白瓷套盒 1

　　北宋乳钉纹青白瓷套盒，高 3.2 厘米，口径 6.7 厘米，底径 7 厘米，盒盖为平顶，中部斜折，直璧。盖身形制与盖顶相近，子母口。

北宋青白瓷套盒 2

  北宋素面青瓷套盒，高
3.8 厘米，口径 8.2 厘米。

北宋青瓷花瓣纹套盒

　　北宋青瓷花瓣纹套盒,高2.9厘米,口径6.5厘米,平底,弧腹,盒面微凸。

北宋青瓷花草纹带盖小盒

北宋青瓷花草纹带盖小盒，
高 3.1 厘米，口径 5.4 厘米。

宋代瓜棱形青瓷小盖罐

　　宋代瓜棱形青瓷小盖罐高 5.5 厘米，口径 8.1 厘米，底径 4.6 厘米，短直颈口，溜肩鼓腹，弧线收于足，实足微微外撇，腹部制成瓜棱状，内壁有数圈螺旋纹，施青白色釉。瓜棱罐工艺精致，刻划工艺精细，线条流畅而细密。

明代夹层孔明碗

明代夹层孔明碗高4.9厘米，口径26.3厘米。

敞口弧腹，足底与碗心呈双层夹空。造型为碗，但由于有夹层，容量就变得十分小，正与民间故事中诸葛亮使用的"道具"相似，所以人们将这种夹层碗称为"孔明碗"。

有人认为这种夹层碗为当时皇室所用，主要用作供奉祭祀的器物。夹层碗只要稍稍放上一点儿食物，就像装了满满一大碗，既表达了丰衣足食的祈福之情，又可以节省祭品；还有人认为孔明碗主要用于食物保温，有"温碗"作用。

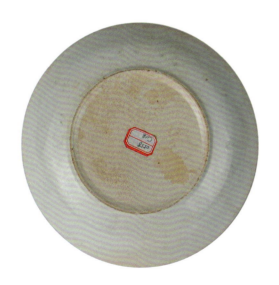

周代木铲

周代木铲长 48.9 厘米，宽 6.9 厘米。

北宋木胎褐红平盖圆漆盒 1

北宋木胎褐红平盖圆漆盒高 4.7 厘米，直径 6.8 厘米。

北宋木胎褐红平盖圆漆盒 2

北宋木胎褐红平盖圆漆盒高 4.7 厘米，直径 7 厘米。

宋代素髹实用漆器，"素"有朴质无纹之意，素髹漆器又称"无文漆器"。素髹漆器朴素无华，或起棱分瓣，或平滑洗练。具备了流畅、简约、含蓄的形制。素髹的涂色，多为内黑外褐，绝无纹案、铭文，是当时流行的漆器设色。

北宋木胎褐红椭圆漆套盒

北宋木胎褐红椭圆漆套盒高3厘米，直径5.6厘米。

宋代漆器品类丰富，木胎制作最为多见，以圆形、方形及菱形等几何造型设计最为显著。源自花瓣形态的起棱分瓣设计是宋代漆器的主要特色之一，这类具有优雅审美趣味的造型不但反映在宋代的素髹漆器上，也流行于雕漆及其他漆器类型中。

北宋木胎褐红椭圆形漆盒

北宋木胎褐红椭圆形漆盒高 19 厘米，直径 14.2 厘米。

北宋木胎褐红菱形双格漆奁

　　北宋木胎褐红菱形双格漆奁高 10.4 厘米，直径 10.2 厘米。

　　奁为古代女子盛放梳篦、脂粉的梳妆盒，多为木质漆盒。传世宋代漆奁常见多层套盒。这件漆奁分为 3 层，可盛放不同梳妆用品。漆奁外观呈菱花形，构思奇巧，制作精美，表现了当时工艺制作的高超水平。

北宋木胎褐红菱形三格漆奁

北宋木胎褐红菱形三格漆奁高 19 厘米，直径 19 厘米。

呈八瓣葵花形，由奁盖和奁身上下套合而成，构思奇巧，奁不分层，外髹朱漆，盒里及圈足底皆髹黑漆，整体造型端庄而不失匀称之美，含蓄又彰显出宋韵之美。

新石器时代双孔石铲

新石器时代双孔石铲刃宽 17.6 厘米，高 14.3 厘米，厚 0.8 厘米。

石器呈梯形，柄部有两处圆形钻孔，通体磨制光滑。它制作精细，磨制技术高超，为研究新石器时代石器制作工艺以及生产工具的演变等提供了实物资料。

新石器时代圆孔石斧

　　新石器时代圆孔石斧长 15.3 厘米，刃宽 7.5 厘米，厚 1.2 厘米。扁平梯形器，上端有孔，可缚扎执柄，下端有刃。

六朝斜齿纹石臼

六朝斜齿纹石臼内径 12.7 厘米，口径 15.7 厘米。

石臼是用石凿成的舂米谷等物的器具。有大小之分，可以用来舂米、玉米和小麦等谷物。《后汉书·逸民列传·梁鸿》："孟氏有女，状肥丑而黑，力举石臼，择对不嫁，至年三十。"石臼的功能不仅限于捣蒜舂米，在造纸方面也是有贡献的。晋代罗含在笔记小说《湘中记》记载："耒阳县北有蔡伦宅，宅西有一石臼，云是伦舂纸臼也。"郭沫若《中国史稿》第三编第二章第二节："谷物加工使用石臼，比过去的研磨盘进步多了。"

宋代狮形石镇

　　宋代狮形石镇长 6.2 厘米，高 3.1 厘米，厚 4.2 厘米。

　　出土于墓葬，镇纸为一对，黑色石质，形制基本一致，皆呈狮子卧地状。狮面双眼圆睁，高鼻，阔口露齿；狮身刻有鬃毛，呈蓬松状，略有卷曲；镇纸底部平整。两件相向成对放置。底部各阴刻两字，应是墓主人生前的文房用具。

北宋石执壶

北宋石执壶高 21.3 厘米，口径 5 厘米。该壶由一块整石镗空，曲流，折肩，平底。

执壶，亦称"注壶""注子"，是盛水装酒及各种液体的日用器皿。基本造型是敞口、溜肩、鼓腹、执柄、管状流。魏晋南北朝，执壶被叫做"注子"或"偏提"。唐代，人们常使用樽勺，受胡瓶影响，逐渐演变为"酒注"。从唐到宋代，执壶经历了多次演变，经历了从矮小多样到瘦长精致的演变过程。执壶主要承担储水、注水和保温的功能，所以短直流更方便大量、快速地注水。宋人饮茶不同于唐人"煎茶"，而是极富技巧性之"点茶"。所以，宋代执壶的流变得细长弯曲、流口外撇，便于准确地控制水流的方向。

汉代木柄铁锄

　　铁锄,凹字形,范铸而成。大冶县石头咀矿出土。凹字形,方銎,圆角弧刃,有木柄残存,木柄下端有方孔用以固定木柄与铁锄。锈蚀严重。带木柄通长 28 厘米,铁锄长 14.5 厘米、刃宽 11.5 厘米。

　　铁锄是用来翻耕土地的农具。铁制农具在汉代的大量使用,极大地提高了生产力,由于生产力的提高,使汉代社会发生了重要改变。此件铁锄保存完整,且有部分木柄保存完好,实属少见,为铁锄如何使用以及汉代社会的农耕文化研究提供了实物资料。

汉代铁铲

汉代铁铲刃宽 12.5 厘米，高 11.3 厘米，銎宽 2.8 厘米。

汉方锥形铁质角锄

汉方锥形铁质角锄长 24.7 厘米，宽 5.2 厘米。

汉铁质方锥形角锄

汉铁质方锥形角锄，长 20.5 厘米，宽 2.6 厘米。

汉铁质方锥形凿

汉铁质方锥形凿，长23厘米，厚5.2厘米。

锄是一种中耕除草工具，也是掘土整地工具。古代一般是将器身较宽平呈长方形的称为锄，使用时边挖土边向前进。目前出土的石锄一般属于新石器时代晚期，最早有6000多年的历史。锄刃都有经过修磨和使用的痕迹。除了石锄外，在原始农业的后期，黄河和长江中下游地区还普遍使用一种鹿角锄。商周时期锄开始被用来进行中耕除草，由此创造了田间管理技术。春秋战国时期，锄的特点是短小，适合人蹲在田间除草时使用。汉代的锄，由于柄加长，刃加宽，人可以站立在田间除草，其锄草功效也更高。

明代璇玑玉衡构件 1

明代璇玑玉衡构件边长 19 厘米。

明代璇玑玉衡构件 2

明代璇玑玉衡构件边长 19 厘米。

璇玑玉衡一词出自《尚书·舜典》，原文
是"在璇玑玉衡，以齐七政"。《尚书》是政书
之祖，史书之源。"在璇玑玉衡，以齐七政"叙
述舜在继承尧之帝位时，用美玉所做的浑天
仪，观察日月五星运行的法则，作为人民稼穑
的依据。舜仁慈爱民，察看天体运行之道以
利民生。

根据李政道先生的观点，中国传统的赤
道式日晷的诞生也可能就是从"玉衡璇玑"的
原理引申出的产物，因为当玉衡璇玑的观测
筒指向正极的时候，璇玑盘面与地平面的夹
角正好是修正了观测点的地理纬度的角度，
俨然就是一个大的赤道式日晷。英国人李约
瑟也认为《尚书》中"璇玑玉衡"就是天文仪
器。1984 年，夏鼐指出璿(璇)与天文仪器无
关，而是佩玉兼有祭祀和礼仪性质的玉器，主
张以"牙璧"取代"璇玑"。

六朝方体圆环形金镯

六朝方体圆环形金镯直径 6.5 厘米。

清左宗棠书法条幅

　　清左宗棠书法条幅，内容："元符二年二月巳酉夜，沐浴罢，连举数杯为成都李致尧作行草，耳热眼花，忽然龙蛇入笔，学书四十年，今夕可谓鼇山悟道书也。左宗棠。"左下有两方压角闲章朱印。画长119厘米、宽28.7厘米。

　　此条幅内容是左宗棠抄录宋代大书法家黄庭坚在《李致尧乞书书卷后》中的部分，《李致尧乞书书卷后》中的此段文字是之后的历代书家抄录临摹的内容，以示后学对黄庭坚的尊敬和崇拜。此外"元符二年"也有写成"元符三年"。

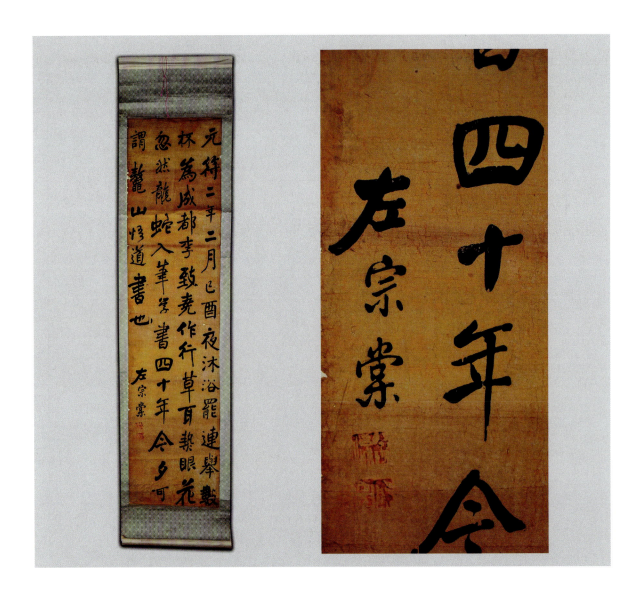

中华民国周安仁笔记本

　　周安仁笔记本，长 20.4 厘米、宽 16.5 厘米。纸质，字迹清晰，保存完好。是周安仁 1927 年 3 月参加武昌中央农民运动讲习所学习时的课堂笔记。该笔记本共 23 页，除去封面、封底两页外，余 21 页除一页没有笔记外其余均已记满，有恽代英、李立三等讲授的课堂笔记，尤为重要的是记录了毛泽东所讲授的"农村教育""农民运动"等重要内容。此笔记本是他 1927 年 3 月至 6 月间在农讲所学习时的课堂笔记，十分珍贵，成为当时农讲所学生学习革命理论极其珍贵的历史见证。

　　笔记内容大致可分：第一部分讲授"土地与农民"，记录结尾有相关同学信息。第二部分讲授"农民国际代表巴耶斯"。第三部分李立三讲授"职工运动"。第四部分讲授"社会进化"。第五部分恽代英讲授"五四运动"。第六部分毛泽东讲授"农民问题"。第七部分讲授体能训练，提高身体素质等。第八部分讲授"军制学""军事常识"，包括队列图标位置等内容。

　　周安仁（1896—1929），又名炳卿、崇开，湖北大冶市金牛人。1923 年考入咸宁农校学习，后因咸宁农校改名湖北省立甲种农业学校迁往武昌，遂随校赴武昌学习，学习期间，他受到革命思想和进步刊物的影响，成为学生运动的积极分子。1927 年 3 月 7 日，中央农民运动讲习所在武昌开办，周安仁受党组织选派，进入农讲所学习，编在第一大队四区队，他刻苦学习革命理论和军事知识，认真地做好每一节课的课堂笔记。同年 6 月 18 日，周安仁从农讲所毕业，遵照党的指示，以农民运动特派员的身份，在大冶、鄂城、武昌、咸宁等县交界地域开展农民运动，大革命失败后，他秘密潜回家乡，将在农讲所学习时的学生证、瓦灰色绑腿和课堂笔记藏在家里的夹墙内，同时以教书为掩护，在家乡周围农村从事农民运动，组织反对绑脚，提倡男女平等和妇女留短发等活动。1929 年 6 月，周安仁感觉到形势非常严峻，一天他匆忙回家中烧毁文件，不料被敌探发现，武昌县团防局匪徒团团包围了村庄，将他抓走，第二天即杀害于武昌县湖泗祝家祠堂，时年 33 岁。

　　　　　　　　　　　　　　　　　　　　　　　第三章　可移动文物

柯竺僧任命通知书

　　柯竺僧任命通知书,纸质,保存完好,现藏于大冶市博物馆。通长31.6厘米、宽27厘米。中华人民共和国中央人民政府毛泽东主席1950年签发,并加盖有"毛泽东"签章。通知书内容:"中央人民政府任命通知书(府字第1502号),兹经中央人民政府委员会第六次会议通过,任命柯竺僧为中南军政委员会人民监察委员会委员。特此通知。主席毛泽东。一九五零年四月十一日。中华人民共和国中央人民政府之印。"

　　柯竺僧,1898年生于大冶灵乡,是董必武的同窗好友,在无产阶级革命家董必武的启发下,他坚信共产主义,早年在家乡以教私塾为掩护,向群众宣传革命道理,向农友宣传红色理论。曾任国民政府湖北堤工处处长、监察院豫鲁监察使署总务科长,因不满时政,辞去职务,往返汉、沪、津、京、渝等地,参加反蒋抗日活动,他是一位大书法家,沿途以卖字并举办书展为名,为中共地下人员提供联络据点和活动经费。解放后他被中央政府任命为中南军政委员会监察委员兼办公室主任。

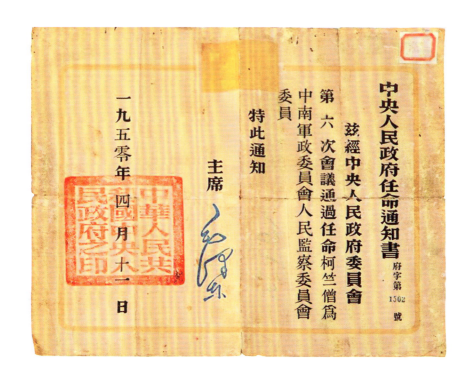

附表 大冶市可移动文物一览表

序号	名称	级别	年代	质地	来源
1	青铜斧	一级	战国	铜	采集
2	木柄铁锄	一级	汉	木、铁	采集
3	莲花瓣冰裂纹青瓷碗	一级	北宋	瓷	采集
4	石水注	一级	北宋	石	采集
5	夹层孔明盘	一级	明	瓷	征集购买
6	周安仁笔记本	一级	中华民国	纸	征集
7	青铜砝码	一级	战国时代	铜	采集
8	双孔石铲	二级	新石器时代	石	移交
9	圆孔玉石斧	二级	新石器	石	移交
10	黄釉弦纹四系盘口陶罐	二级	六朝	陶	发掘
11	青铜卷云纹甬钟	二级	东周	铜	采集
12	圜翰长枚甬钟	二级	西周	铜	采集
13	花草纹玉壶春瓷瓶	二级	北宋	瓷	发掘
14	木胎褐红平盖圆漆盒	二级	北宋	木	发掘
15	木胎褐红平盖圆漆盒	二级	北宋	木	发掘
16	木胎褐红平盖圆漆盒	二级	北宋	木	发掘
17	褐黑釉窑变小瓷瓶	二级	北宋	瓷	发掘
18	黄铜方銎斧	二级	周	铜	采集
19	红铜方銎斧	二级	周	铜	采集
20	黄铜方銎斧	二级	周	铜	采集
21	环钮附耳云雷纹兽足青铜鼎	二级	战国时代	铜	采集
22	青铜弩机	二级	汉	铜	采集
23	昂援直内青铜戈	二级	战国时代	铜	采集
24	三角绶带四兽纹圆钮青铜镜	二级	东汉	铜	采集
25	莲花瓣绶带圆钮青铜镜	二级	唐	铜	采集
26	人物山水凤鸟八曲桥钮青铜镜	二级	唐	铜	采集
27	八瓣形六花圆钮青铜镜	二级	唐	铜	采集
28	海马葡萄青铜镜	二级	唐	铜	移交
29	青铜贝形蚁鼻钱	二级	周	铜	采集
30	青铜贝形蚁鼻钱	二级	周	铜	采集
31	青铜贝形蚁鼻钱	二级	周	铜	采集
32	青铜贝形蚁鼻钱	二级	周	铜	采集
33	木胎褐红椭圆漆套盒	二级	宋	木	发掘
34	黄铜方銎钺	二级	周	铜	拣选

序号	名称	级别	年代	质地	来源
35	黄铜凸条纹方銎斧	二级	周	铜	采集
36	黄铜方銎斧	二级	周	铜	采集
37	鼓腹提梁青铜罐	二级	唐	铜	采集
38	云雷纹直柄铜熨斗	二级	唐	铜	采集
39	黄铜方銎凿	二级	周	铜	采集
40	青铜贝形蚁鼻钱	二级	周	铜	采集
41	椎体铁凿	二级	宋	铁	采集
42	铁质钺式□	二级	汉	铁	采集
43	铁质方锥形角锄	二级	汉	铁	采集
44	铁质方锥形角锄	二级	汉	铁	采集
45	铁质方锥形凿	二级	汉	铁	采集
46	褐黑釉窑变小瓷瓶	二级	宋	瓷	发掘
47	花草纹玉壶春瓷瓶	二级	宋	瓷	发掘
48	褐釉乳钉纹小瓷罐	二级	宋	瓷	发掘
49	花草旋转纹黄瓷罐	二级	宋	瓷	发掘
50	花草乳钉纹瓷罐	二级	宋	瓷	发掘
51	青绿釉兽腿足瓷香炉	二级	宋	瓷	发掘
52	乳钉纹白色瓷套盒	二级	宋	瓷	发掘
53	素面青瓷套盒	二级	宋	瓷	发掘
54	青瓷花瓣纹套盒	二级	宋	瓷	发掘
55	青瓷花草纹带盖小盒	二级	宋	瓷	发掘
56	高流双耳条把敞口瓷水注	二级	五代十国	瓷	采集
57	提梁虎子	二级	东晋十六国	陶	采集
58	泥质黑陶猪形俑	二级	汉	陶	采集
59	六柱体生铁翅	二级	唐(618-907)	铁	采集
60	方形铁翅	二级	唐(618-907)	铁	采集
61	瓜体青瓷小盖罐	二级	宋	瓷	移交
62	木胎褐红平盖圆漆盒	二级	宋	木	发掘
63	木胎褐红菱形双格漆套盒	二级	宋	木	发掘
64	木胎褐红菱形三格漆套盒	二级	宋	木	发掘
65	木胎褐红椭圆形漆盒	二级	宋	木	发掘
66	黑色石质狮子	二级	宋	石	发掘
67	乳钉纹铜镜	二级	汉	铜	接受捐赠
68	矮足环耳带盖青铜盏	二级	周	铜	采集

序号	名称	级别	年代	质地	来源
69	青铜立耳方钮盖矮兽蹄足鼎	二级	周	铜	采集
70	素面青铜钺	二级	周	铜	采集
71	黄铜方銎斧	二级	周	铜	采集
72	方体圆环形金镯	二级		金	采集
73	木铲	二级	周	木	采集
74	附耳刻划纹盘口罐	二级		陶	采集
75	斜齿纹石碾	二级		石	采集
76	石核锥体砍砸器	三级	旧石器时代	石	采集
77	石片状刮削器	三级	旧石器时代	石	采集
78	虎顶骨化石	三级	显生宙	石	依法交换
79	鹿头骨化石	三级	显生宙	石	依法交换
80	剑齿象牙乳齿化石	三级	显生宙	石	依法交换
81	褐色石锛	三级	新石器时代	石	采集
82	石灰岩石质镰刀	三级	新石器时代	石	移交
83	燧石半圆石刀	三级	新石器时代	石	移交
84	褐陶黄釉瓜形罐	三级	宋	铜	采集
85	锥形圆孔骨针	三级	新石器时代	骨角	采集
86	木铲	三级	周	木	采集
87	白陶碗	三级		陶	采集
88	分体立耳青铜口	三级	周	铜	采集
89	三棱尖锥状青铜箭镞	三级	周	铜	采集
90	三棱尖锥状青铜箭镞	三级	周	铜	采集
91	三棱尖锥状青铜箭镞	三级	周	铜	采集
92	三棱尖锥状青铜箭镞	三级	周	铜	采集
93	三棱尖锥状青铜箭镞	三级	周	铜	采集
94	三翼锥状青铜箭镞	三级	周	铜	采集
95	带箍圆首青铜剑	三级	周	铜	采集
96	莲花纹圈足银碗	三级	明	银	采集
97	船形带款银锭	三级	清	银	其他
98	铭文长宜子孙青铜镜	三级	汉	铜	拣选
99	绿釉裂纹瓷碗	三级	宋	瓷	采集
100	船形银锭	三级	清	银	移交
101	船形银锭	三级	清	银	移交
102	船形银锭	三级	清	银	移交

序号	名称	级别	年代	质地	来源
103	方棱尖锥石箭镞	三级	新石器时代	石	采集
104	剑齿象牙臼齿化石	三级	显生宙	石	依法交换
105	柱状圆钩青铜盖弓帽	三级	周	铜	采集
106	黄褐色石凿	三级	新石器时代	石	采集
107	琵琶状青铜带钩	三级	周	铜	采集
108	方銎铁斧	三级	周	铁	采集
109	圆銎铁斧	三级	周	铁	采集
110	平顶铁凿	三级	宋	铁	采集
111	果核状穿孔水晶耳坠	三级	明	玉	采集
112	八仙人物云彩基座石雕	三级	清	石	移交
113	灰陶酱釉两系罐	三级	宋	陶	发掘
114	酱釉小瓷罐	三级	宋	陶	发掘
115	人物骑马俑	三级	宋	瓷	发掘
116	灰陶酱釉环耳索口昂流壶	三级	宋	陶	发掘
117	敞口黄釉水注	三级	宋	瓷	采集
118	灰陶酱釉两系罐	三级	唐	陶	采集
119	灰陶褐釉两系罐	三级	唐	陶	采集
120	敞口高流水注	三级	明	瓷	采集
121	方格纹环耳硬陶罐	三级	汉	陶	采集
122	莲花瓣锥体银质鎏金簪	三级	唐	金、银	采集
123	鎏金凤鸟镂孔条杆银钗	三级	明	金、银	采集
124	银质纽索状耳勺	三级	明	银	采集
125	花瓶状耳坠环	三级	宋	金	发掘
126	带状花草纹银镯	三级	明	银	采集
127	骨质连头双鱼形小刀	三级	宋	骨角	发掘
128	牡丹形银质佩饰	三级	清	银	采集
129	黄陶附加羊首纹陶罐	三级	周	陶	采集
130	鼓腹青铜盂	三级	唐	铜	采集
131	箕形龟纹石砚	三级	宋	石	采集
132	虎牙化石	未定级	显生宙	石	依法交换
133	猪牙化石	未定级	显生宙	石	依法交换
134	马牙化石	未定级	显生宙	石	依法交换
135	犀牛牙化石	未定级	显生宙	石	依法交换
136	椭圆形瓜钮盖兽首葵龙纹圈足底蝉纹环耳索状提梁铜卣	未定级	周	铜	接受捐赠

序号	名称	级别	年代	质地	来源
137	立耳带盖环钮蟠螭纹铜鼎	未定级	周	铜	发掘
138	昂援直内圆穿铭文铜戟	未定级	周	铜	采集
139	连体双鱼形铜花瓶	未定级	清	铜	旧藏
140	武士骑牛托鸟铜铸像	未定级	清	铜	移交
141	麒麟兽铜铸像	未定级	清	铜	采集
142	卧鹿造型铜铸像	未定级	清	铜	采集
143	人物坐姿铜像	未定级	清	铜	移交
144	盘口球腹三袋足鬲形铜香炉	未定级	清	铜	拣选
145	带盖錾花铜盒	未定级	清	铜	征集购买
146	儿童扶缸状敞口圆唇鼓腹平底花卉纹铜水盂	未定级	清	铜	拣选
147	儿童人像造型铜笔架	未定级	清	铜	征集购买
148	方钮阳文篆书铜印章	未定级	清	铜	征集购买
149	鹤踏龟背铜烛台	未定级	清	铜	移交
150	帽口平底空心圆柄卷云纹西义丰造款铜熨斗	未定级	清	铜	征集购买
151	突脊双箍柄喇叭首铜剑	未定级	周	铜	采集
152	长方形波浪底纹右旋书良金四朱铜钱	未定级	周	铜	采集
153	水滴形玉耳坠	未定级	清	宝石	征集购买
154	圆形对穿孔玉球	未定级	清	宝石	采集
155	水滴形穿孔翡翠吊坠	未定级	清	宝石	采集
156	椭圆形玉质装饰物	未定级	清	宝石	征集购买
157	果核水晶佛串珠	未定级	清	木、宝石	征集购买
158	双头束腰玉簪	未定级	清	宝石	征集购买
159	陈爰金币	未定级	周	金	采集
160	开片贴花波浪纹敞口圈足瓷瓶	未定级	清	瓷	征集购买
161	直口双螭龙耳青花双龙缠枝纹圈足扁瓷瓶	未定级	清	瓷	征集购买
162	盘口开片双兽耳圈足瓷瓶	未定级	清	瓷	征集购买
163	盘底碗口圈足绿釉陶灯台	未定级	中华民国	陶	征集购买
164	盘口附双耳豆青青花缠枝穿龙纹圈足瓷瓶	未定级	清	瓷	征集购买
165	敞口束颈枣红釉开片圈足瓷瓶	未定级	清	瓷	征集购买
166	直口丰肩圈足红釉瓷瓶	未定级	清	瓷	征集购买
167	直口平底带口圆形铜量杯	未定级	周	铜	采集
168	仿宋朱熹书法对联				
169	1950 年毛泽东印任命通知书				

近年来,大冶市境内发现了多处重要的文化遗迹与遗存,这些遗址时间跨度较大,从旧石器时代到汉唐时期均有涵盖,充分展现了古人类在大冶的发展历程。旧石器时代,石龙头遗址和湖边遗址等出土了大量的石器、骨器和动物化石,这些文物制作精良、形态各异,揭示了旧石器时代人类的文化特征、技术发展和社会组织等方面信息,为研究旧石器时代人类在大冶的生活状况和生产水平提供了有力证据。

进入新石器时代,大冶市境内的人类活动逐渐增多,多处新石器时代遗址被发现,大谷堍遗址是其中的代表。这些遗址出土的陶器、石器和玉器等文物,制作工艺精湛、形态优美,表明新石器时代人们在农业、手工业和社会组织等方面的发展水平有显著提高。

商周时期,草王咀遗址、太婆山遗址、五里界城址等多处遗址经过调查发掘,这些遗址出土了大量的青铜器、陶器等文物,制作工艺高超、形态庄重,为研究商周时期人类在大冶区的文化特征和社会制度提供了宝贵实物资料。这些发现不仅有助于我们了解商周时期人类在大冶的文化特征和社会制度,同时也为深入研究商周时期的历史文化提供了实物资料。

至汉唐时期,鄂王城等多处汉唐时期遗址被发现,九里垄遗址也是其中的代表。这些遗址出土的瓷器、陶器和建筑材料等文物,制作工艺细腻、形态优雅。这些发现不仅有助于我们了解汉唐时期人类在大冶的文化特征,同时也有助于我们深入研究这一时期的社会变迁和经济繁荣。

大冶市的可移动和不可移动文物是中国历史上的珍贵文化遗产,具有重要的历史和文化价值。加强这些文物遗址的保护利用工作,有助于传承和弘扬中华民族优秀传统文化,也为推动大冶市的文化事业和文化产业发展提供有力支撑。

附录1：

湖北大冶磨山半岛窑址群考古调查报告

武汉大学历史学院[1]　大冶市文物管理局[2]

（1.湖北 武汉市 430072,2.湖北 大冶市 435100）

　　摘　要：磨山半岛位于湖北省大冶市保安湖西岸。2016年3月,武汉大学历史学院、大冶市文物局合作,对磨山半岛进行考古调查,发现27处古瓷窑址,年代为晚唐至元代,遗物主要为青瓷、青白瓷,遗迹规模较大,保存较为完好。这批遗迹与湖泗瓷窑址群有相似之处,可为湖北古代陶瓷的研究生产提供了新材料。

　　关键词：磨山半岛;窑址;考古调查;青白瓷

一、遗址概况与工作方法

　　磨山半岛又称红星半岛,位于大冶市保安镇西北部,自东向西有磨山、赤马、李华、庄咀四个行政村。磨山半岛面积约10.6平方公里,东西长,南北窄,北、东、南三面被保安湖包围,西部与外界相连。半岛上山丘起伏,植被茂密,遍布湖汉、池塘、水田。磨山半岛的水路便捷,向西可至梁子湖,由武汉入长江;向北可至三山湖,由鄂州入长江。(图一)据当地民间传说,有九十九只飞鹅下衡山,飞到此地化为瓷窑,侧面反映历史上瓷器生产的繁荣。

　　长期以来,湖北古代陶瓷研究的重点是梁子湖南侧的大批古瓷窑,即湖泗窑址群。2015年,梁子湖东侧大冶市保安镇磨山村村民在山上修筑水渠时发现大量陶瓷器。得知这一情况后,大冶市文物局(现大冶市文物事业发展中心)立即对磨山村所在的磨山半岛进行了初步踏查。为进一步了解此地古代窑址的情况,2016年3月,武汉大学历史学院考古系联合大冶市文物局对磨山半岛进行了田野调查。

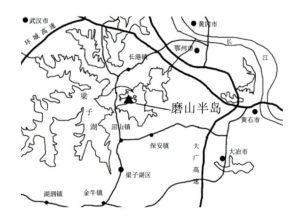

图一　磨山半岛地理位置示意图

　　调查队自东向西,对磨山半岛进行调查。调查沿山路绕山而行,重点关注山体断面。将地势明显隆起、陶瓷片堆积丰富且有窑具或窑渣的地点,认定为窑址,一些地势平坦又有较多陶瓷片、可能为其他遗迹的地点,定为采集点。调查共确定27处窑址、6处采集点,按发现的先后顺序编号,对各处遗迹测量、拍照,对断面进行简单清理,采集陶瓷器标本300余件,并以图文记录。现将调查收获简报如下。

图二　磨山半岛窑址分布示意图(根据谷歌地球绘制)

二、遗迹

本次调查共确认窑址27处，采集点6处，遗存集中于磨山半岛东部的磨山村、赤马村辖区内。按遗迹的分布情况，可分为7个区域，根据附近小地名命名如下。(图二)

1.绣花墩区。分布于绣花墩及其西、北方向，另含下泾垄南侧的一处窑址。包括7处窑址、4处采集点，窑址为Y1~Y4、Y7、Y8和Y25，采集点为C1、C2、C5和C6。

2.大汪雷区。分布于大汪雷东侧高山的北、东坡的公路沿线。包括9处窑址，分别为Y5、Y6、Y9和Y12~Y17。

3.箭楼万区。分布于箭楼万北侧的山丘。包括1处窑址，为Y10。

4.卢家咀区。分布于卢家咀西侧的山丘。包括2处窑址，为Y11、Y26。

5.王家咀区。分布于王家咀南、北的山丘。

包括2处窑址，为Y18、Y19。

6.邢家庄屋区。分布于邢家庄屋南、东南方向。包括4处窑址、1处采集点，为Y20~Y22、Y27和C3。

7.陈世豪区。分布于陈世豪以南的两座山丘。包括2处窑址、1处采集点，为Y23、Y24、C4。

各遗存保存现状参见表一。所有窑址均为龙窑，依山势而建。因公路沿山脚而筑，破坏了部分窑址的前端，一些路边的断崖可见窑址的横截面。限于篇幅，此处介绍3处窑址的情况作为代表。

Y1位于绣花墩北坡，方向350°。东侧紧邻Y2，北侧有一条西南-东北向公路。其西北部因修建水渠遭到一定程度的破坏。窑址上方多为荆棘等灌木，与周围茂密的山林对比鲜明。地表现存堆积长约90、宽约20、高约3米。(图三)遗物十分丰富，以青瓷器为主，器形有执壶、盆、缸、瓶、罐和瓮等，胎色以红褐为主，紫褐次之，釉色以墨绿色最常见。另有较多的擂钵、垫柱，还见有环形器。

Y6位于大汪雷东侧高山的东坡，方向150°。窑址东南侧为山坳，西北为山丘，东北方向约30米即为Y5。东部窑头被公路破坏，露出断面，其上可见陶瓷器残片以及宽约50厘米的砖红色窑墙遗迹。窑址上为茂密的竹林。地表现存堆积长约55、宽约20、高约2米。（图四）遗物较丰富，主要为青白瓷器与漏斗形匣钵的碎片，多见二者粘连。青白瓷器中，大口深腹圈足碗占绝大多数，多与匣钵、垫饼粘连成摞，另有碟、盏、盘和器盖等。此外有少量青瓷、窑撑等。

Y18位于王家咀南侧的小山丘，方向30°。东侧为农田，西、南侧为树林，北侧公路与窑址大致平行。窑址上方植被稀疏。当地村民曾在Y18北部取土，用来铺垫该窑址东北方向的道路，对遗迹造成了严重破坏，断面上可见大量的陶瓷器。（图五）现存堆积长约50、宽约40、高约2米。遗物主要为青瓷器，执壶最多，碗次之，还有少量罐，窑具有擂钵、垫饼和垫柱等。

图三 Y1地面堆积（西北-东南）

图四 Y6窑墙（北-南）

图五　Y18 断面(北-南)

调查中对 C1、C3 的断面进行了简单清理，均有约 50 厘米的文化堆积。各采集点所见遗物与其附近窑址基本一致。

三、遗物

调查中发现了大量的陶瓷碎片，少见完整器。标本多有扭曲变形、胎体气泡和粘连等现象，应为弃品。遗物可分为青瓷、青白瓷、生产工具与其他三大类。

(一)青瓷

砖红胎为主，也有深灰胎、紫褐胎等，胎质粗糙。釉色较杂，多流釉现象。

1.碗　8件。敞口。分两型。

A 型：6件。卷沿。分两亚型。

Aa 型：5件。体型较大。Y18:5，圆唇，腹略弧，饼形底，底缘略折。红褐胎，内壁满、外壁不及底施深绿色釉，有流釉现象。口径 17.8 厘米，底径 7.8 厘米，高 6 厘米。(图六,1;图七,1)

Ab 型：1件。体型较小。标本 Y18:6，圆唇，腹略弧，假圈足红褐胎。施黄绿釉，内壁满釉，外壁不及底。口径 10.8、底径 5.3、高 4.2 厘米。(图六,2;图七,2)

B 型：2件。无沿。腹略深。施化妆土。标本 Y16:5，圆唇，斜弧壁，矮圈足。红褐胎。施翠绿釉，内壁满釉，外壁不及底。口径 16.1、足径 6.5、高 5.5 厘米。(图六,3)

2.钵　1件。标本 Y19:3，侈口，圆唇，束颈，折肩，弧腹，平底。红褐胎。施青釉，内壁满釉，外壁不及底。内底有五个泥块支烧痕，外底有叠烧的压痕。口径 24.4、底径 9、高 14.5 厘米。(图六,4;图七,7)

3.盆　23件。多为口沿残片。斜弧壁。分为三型。

A 型：9件。折沿，沿面平，圆唇。标本 Y11:11，深灰胎内外壁施黄绿釉。口径 43.8、残高 7.6 厘米。(图六,5)

B 型：4件。厚圆唇。标本 Y24:5，紫褐胎。内壁施墨绿釉。口径 35.2、残高 5.3 厘米(图六,6)

C 型：10件。翻沿，沿面略鼓。标本 C5:4，深灰胎。内壁施墨绿釉。口径 55、残高 6.5 厘

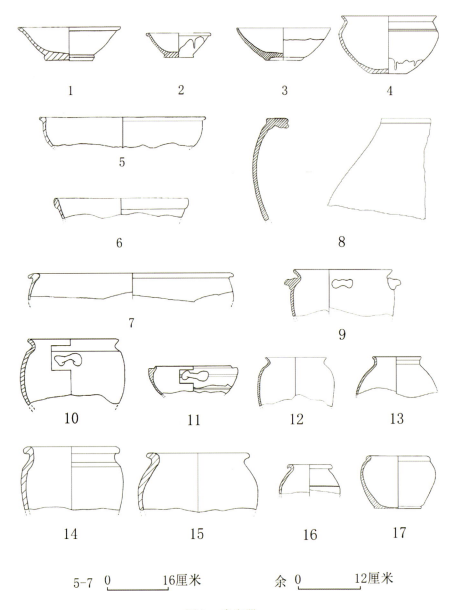

1   2   3   4

5

6   8

7   9

10   11   12   13

14   15   16   17

5-7 0 _____ 16厘米   余 0 _____ 12厘米

图六　青瓷器

1.Aa 型碗（Y18：5）；2.Ab 型碗（Y18：6）；3.B 型碗（Y16：5）；4.钵（Y19：3）；
5.A 型盆（Y11：11）；6.B 型盆（Y24：5）；7.缸（Y1：33）；8.C 型盆（C5：4）；
9.AaⅠ式罐（Y18：25）；10.AaⅡ式罐（YI：22）；11.Ab 型罐（Y3：9）；
12.BⅠ式罐（Y16：3）；13.BⅡ式罐（Y11：6）；14.BⅢ型罐（Y25：1）；

米。（图六，8）

4.缸 42 件。多为口沿残片。宽平折沿

内勾，口沿与沿下方有凹槽。胎体厚重。标本 Y1：33，上腹外鼓。红褐胎。内外腹壁施墨绿釉。残高 19.3 厘米。（图六，7）

5.罐 21 件。多为口沿残片。分为四型。

A 型：4 件。肩有二或四横系。分两个亚型。

Aa 型：3 件。侈口，束颈，深腹，肩有横系。分为两式。

AaⅠ式：2 件。圆折肩，最大径在肩部。标本 Y18：25，红褐胎。内外壁施深绿色釉。口径 18.6、残高 9 厘米。（图六，9）

AaⅡ式：1 件。标本 Y1：22，颈肩分界明显，最大径在腹部。深灰胎。釉已脱落。口径 17.4、

残高 13 厘米。(图六,10)

Ab 型:1 件。子口,方唇,弧腹内收。标本 Y3;9,深灰胎。外壁肩部施墨绿釉。肩

部饰一道凹弦纹。口径 14、残高 5.2 厘米(图六,11;图七,3)

B 型:15 件。无系,束颈。分为五式。

BI 式:4 件。侈口,圆折肩。标本 Y16:3,红褐胎。外壁与内壁口沿施黄绿釉。口径 11.8、残高 9.2 厘米。(图六,12)

BII 式:5 件。矮领,溜肩。标本 Y11:6,浅灰胎。内外壁施黄褐釉。口径 9.5、残高 7.5 厘米。(图六,13)

BIII 式:1 件。标本 Y25:1,折沿,颈肩分界明显。红褐胎。内外壁施黄绿釉。口径 17.2、残高 12.2 厘米。(图六,14)

BIV 式:3 件。沿外卷,溜肩。标本 Y1:21,红褐胎。内外壁施墨绿釉。口径 17、残高 11 厘米。(图六,15)

BV 式:2 件。体型较小。尖唇,沿外卷。标本 Y1:6,红褐胎。施墨绿釉。肩部饰一道弦纹。口径 6.8、残高 5.5 厘米。(图六,16)

C 型:1 件。标本 Y3:8,敛口,厚圆唇,溜肩,球形腹,圆饼底。深灰胎,壁厚底薄。釉已脱落。口径 11、高 9.5 厘米。(图六,17)

D 型:1 件。标本 Y14:3,小口,沿下有钩,圆唇,束颈,鼓肩,深腹。紫褐胎。内壁口沿附近、外壁肩部以上施釉,釉色墨绿泛黑,釉层有气泡。口径 10、残高 8.4 厘米。(图八,1)

6.瓶 10 件。均为残片。小口,三角唇,肩部有一对竖系。分为三型。

A 型:1 件。标本 Y1:19,直口,鼓肩,红褐胎。内外壁施黄绿釉。肩部饰一道弦纹。口径 9、残高 11 厘米。(图八,2)

B 型:6 件。溜肩,腹圆鼓。标本 Y1:1,角唇,束口。红褐胎。内外壁施墨绿釉,局部露胎。肩部施一道弦纹。口径 7.2、残高 17.2 厘米。(图八,3)

1.Aa 型青瓷碗 (Y18:5)　2.Ab 型青瓷碗 (Y18:6)　3.Ab 型青瓷罐 (Y3:9)

4.BIII 式青瓷执壶 (Y22:1)　5.青白瓷器盖 (Y6:30)　6.青白瓷盘 (Y6:3)　7.青瓷钵 (Y19:3)　8.青白瓷承盘 (Y6:31)

图七　青瓷与青白瓷

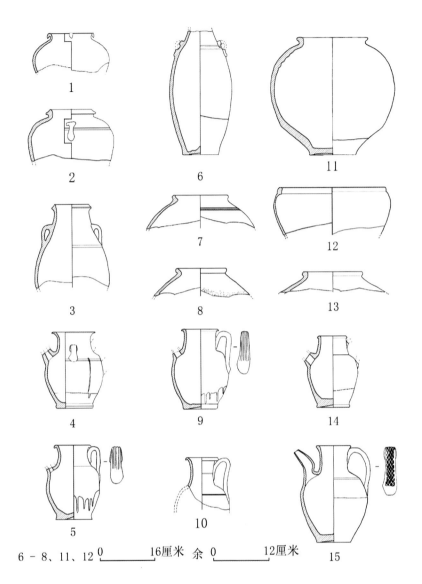

图八 青瓷器

1.D 型罐（Y14:3）2.A 型瓶（Y1:19）3.B 型瓶（Y1:1）4.AⅠ式执壶（Y18:9）
5.BⅠ式执壶（Y18:15）6.C 型瓶（Y1:27）7.Bb 型瓮（Y24:2）
8.Bc 型瓮（Y22:10）9.AⅠⅡ式执壶（Y18:11）10.BⅡ式执壶（Y9:1）
11.Ba 型瓮（Y20:1）12.A 型瓮（C3:6）13.Bd 型瓮（Y24:1）
14.AⅠⅢⅠ式执壶（Y19:6）15.BⅡ式执壶（Y22:1）

C 型:3 件。溜肩,器体修长。标本 Y1:27,肩部有竖系,腹部略圆鼓,凹底。深灰胎。内外壁施黄绿釉,不及底。肩部施弦纹。底径 10.3、腹径 18.2、残高 34.9 厘米。（图八,6）

C 型:3 件。溜肩,器体修长。Y1:27,肩部有竖系,腹部略圆鼓,凹底,肩部施一道弦纹。深

灰胎,内外壁施黄绿色釉不及底。底径 10.3 厘米,腹径 18.2 厘米,残高 34.9 厘米。（图七,4）

7.瓮 40 件。深腹。胎体厚重。分两型。

A 型:3 件。口微敛,沿面平。标本 C3:6,宽唇,窄肩。浅灰胎,局部泛红。釉已脱落。口径 28.8、残高 13 厘米。（图八,12）

B 型:37 件。矮领或无领。分四个亚型。

Ba 型:3 件。口微侈,圆唇。标本 Y20:1,器身圆鼓,下腹部斜收,假圈足。红褐胎。内壁满釉,外壁施釉不及底,釉已脱落。口径 20、腹径 34.5、底径 12.8、高 33.3 厘米。(图八,11)

Bb 型:5 件。敞口,方唇。标本 Y24:2,红褐胎。釉已脱落。肩部饰三道弦纹。口径 15.6、残高 9.4 厘米。(图八,7)

Bc 型:22 件。圆唇,宽斜沿。标本 Y22:10,红褐胎。釉已脱落。口径 14.5 厘米,残高 7.7 厘米。(图八,8)

Bd 型:7 件。直口,圆唇,沿面有浅凹槽。标本 Y24:1,深灰胎。釉已脱落。口径 16、残高 5.5 厘米。(图八,13)

8.执壶 39 件。分六型。

A 型:23 件。尖唇。分为三式。

表一　各遗迹保存现状

分区	编号	地理位置	走向	现存堆积长、宽、高*	保存状况
绣花墩区	Y1	绣花墩北坡,有展示牌,暴露明显,东为 Y2,西有水渠,北有公路。	350°	90,20,3	一般
	Y2	绣花墩北坡,暴露明显,东为山林,西为 Y1,北为公路。	350°	90,15,3	一般
	Y3	绣花墩北坡,三岔路口东南方,路边断崖可见其堆积。东、南为山林,西为平地。	30°	69,20,3	一般
	Y4	绣花墩西侧的山林中,植被茂密。东隔平地与 Y3 相望,南、西为山林,北为公路.	345°	90,25,2	一般
	Y7	下泾垄东南方,被一道水沟打破。东有山林,西有池塘。	220°	20,5,1	较差
	Y8	绣花墩北方的山丘的竹林中,南隔农田与 Y1 相望。南侧有几处现代坟墓,东、西、北为山林。	130°	25,5,1	较好
	Y25	Y3、Y4 之间空地南侧,陡崖上方的稀疏树林中。东为公路,南为山林。	80°	50,16,4	一般
	C1	绣花墩东北的农田。东隔田间路与池塘相望,西与 Y2 相距不远。	西北-东南	150,50,0.5	较好
	C2	Y4 西北方向,山林与两处池塘之间的开阔地带,距公路约 80 米。	东西	50,30,不明	较好
	C5	Y1、Y2 以北,公路北侧,东为一条南北向高地,西为农田,西北与 Y8 相望。	西北-东南	30,20,不明	一般
	C6	绣花墩西部,三岔路口西南,两山之间的平坦荒地,东有 Y3,南有 Y25,西有 Y4。	东西	50,35,不明	一般

　　　　　　　　　　　　　　　　　　　　第四章　文化遗产研究

分区	编号	地理位置	走向	现存堆积 长、宽、高*	保存状况
大汪雷区	Y5	自大汪雷向西约600米，通往龙家三房的路口西南的茂密山林中。向东有两处池塘。	45°	55，20，2	较好
	Y6	Y5西南方向约30米路边断崖上，窑上有茂密竹林。东南为山坳。	150°	55，20，2	一般
	Y9	Y6西南方向约100米，路边断崖上的密林中。东南为山坳。	210°	25，13，1	一般
	Y12	高山北坡，Y5西约70米的缓坡，三岔路口东南方，植被较稀疏。南为山林，北侧地势较开阔。	300°	20，5，2	一般
	Y13	Y12西约50米，三岔路口西南方向的山梁上，路边断崖可见堆积，崖上有小片农田，南为山林，北隔公路约50米处有池塘	330°	80，30，2	一般
	Y14	Y13西约150米，山林茂密。北隔公路约50米有湿地。	330°	70，42，2	较好
	Y15	西侧紧邻Y14，山林茂密。	330°	70，20，2	较好
	Y16	Y13与Y14之间，距离Y13约100米，山林茂密。	340°	20，13，2	较好
	Y17	自Y14沿公路向西约100米，地表为阶梯状荒废农田。东、南、西为山林，北接公路。	330°	67，18，2	一般
箭楼万区	Y10	箭楼万村北的山丘上，植被茂密。东、南为山地，西、北有小路，西侧有山坳。	60°	46，22，4	较好
卢家咀区	Y11	卢家咀西北部的小山丘上，植被较茂密。东、南侧为民房，局部因村民建造仓库而遭到破坏；西、北侧为梯田，不远处有池塘。	160°	60，19，2	一般
	Y26	与Y11窑尾相接呈八字形，已被村民的房屋、道路叠压。	130°	33，3，1	较差
王家咀区	Y18	王家咀南侧的小山丘上，有少量树木。东侧为农田，南、西侧为树林，一条公路与窑址大致平行，公路对面有一串池塘。	30°	50，40，2	较差
	Y19	王家咀东侧的山丘上，植被茂密。东侧有小片农田，南、北为山林，西侧为民居。	180°	48，33，2	较好
邢家庄屋区	Y20	邢家庄屋东侧路口正南方约150米的坡地，植被稀疏，局部有大量陶瓷片暴露。东侧为山林，南、北为农田，西侧有池塘。	250°	53，26，2	一般
	Y21	Y20西约100米，邢家庄屋东侧路口西南方约200米的山林中。东北为平地，东侧坡地下方有池塘，西南侧为Y22。	160°	40，17，2	较差
	Y22	Y21南侧山林中。西南处平地即为C3。	150°	35，14，2	较差
	Y27	Y20西南约150米处的小山丘南坡，现地表为农田。	340°	50，20，1	较差
	C3	Y21、Y22所在山丘南部的平地，为一处废弃农田。南侧有一处废弃的小学。	西北-东南	50，15，0.5	一般

分区	编号	地理位置	走向	现存堆积 长、宽、高*	保存状况
陈世豪区	Y23	陈世豪南侧的高地上,西北有一处池塘,北为民居,现大部分遗迹已被新筑的公路破坏。	245°	35,15,1	较差
	Y24	陈世豪南约300米的山丘南坡,南为池塘,北为山林,现已被土木工程破坏。	160°	35,33,1	较差
	C4	Y24西侧,山丘的东侧坡地,东南为池塘,西北为山林,现已被基建工程破坏。	东北一西南	35,25,未知	较差

*长、宽、高单位为米,非精确数值。

AI式:5件。侈口,沿外卷。标本Y18:9,流与錾残缺。圆折肩,肩部有两条竖系,圆腹,饼形底略凹。红褐胎。施青绿釉,外壁不及底。肩部饰一周弦纹,腹部有四道瓜棱。口径9、底径8、高16.2厘米。(图八,4)

AII式:8件。折沿,颈微束。标本Y18:11,流残缺。肩部微折,腹部圆鼓,凹底。红褐胎。外壁施釉不及底,釉已脱落。部饰五道纵向凹槽。口径6.7、底径7.4、高16.8厘米。(图八,9)

AIII式:10件。三角唇,梯形颈。标本Y19:6,流与錾残缺。肩微折,饼形底内凹。红褐胎。施黄绿釉,外壁不及底。口径5.7、底径7、高15.1厘米。(图八,14)

B型:10件。圆唇。分为三式。

BI式:2件。沿外卷,颈粗短。标本Y18:15,流残缺。溜肩,圆腹,底内凹。深灰胎。外壁施墨绿釉不及底。錾部饰纵向凹槽。口径7.5、底径7.8、高15.5厘米。(图八,5)

BII式:1件。标本Y9:1,沿略外卷,颈细长。红褐胎。无釉。颈部、肩部各饰一道弦纹。口径6.5、残高10.5厘米。(图八,10)

BIII式:7件。厚圆唇,颈细长。标本Y22:

1,完整。鼓腹,凹底。红褐胎。外壁腹部最大径以上施墨绿釉。肩部饰一道弦纹,錾部饰菱形网格纹。口径7、底径7.3、高20.5厘米。(图七,4;图八,15)

C型:3件。方唇,梯形颈。标本Y3:3,圆折肩,颈部饰两道弦纹,扳部饰七道凹槽。红褐胎,颈部外壁、錾部施灰绿色釉。口径5.7厘米,残高10.4厘米。(图八,1)

D型:1件。盘口。Y18:12,流、扳残缺,梯形颈,宽肩,圆腹,凹底。红褐胎,施翠色釉,外壁不及底。肩部饰两道旋纹。口径8厘米,底径9厘米,高19.5厘米。(图九,2)

E型:1件。喇叭形长颈。标本Y18:32,流残缺。鼓腹,平底。红褐胎。施墨绿釉,外壁不及底。有烟熏痕迹。肩部饰三道弦纹,部施六道纵向凹槽。口径10、底径7.3、高22.9厘米。(图九,3)

F型:1件。标本Y1:4,口部呈椭圆形,圆唇,唇部有流,束颈。红褐胎。墨绿釉。口部长径7.1、残高8.5厘米。(图九,5)

9.注壶 4件。形制似执壶,体型更大。标本Y20:2,流与錾残缺。三角唇,梯形颈,肩部

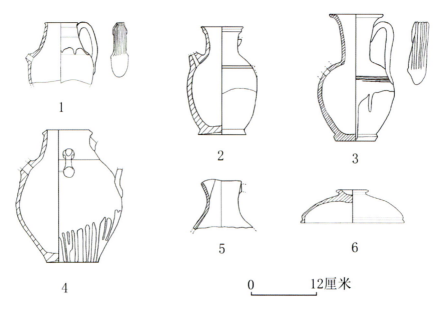

图九　青瓷器

1.C 型执壶（Y3：3）2.D 型执壶（Y18：12）3.E 型执壶（Y18：32）
4.注壶（Y20：2）5.F 型执壶（Y1：4）6.器盖（Y26：9）

有两道竖系，腹部圆鼓，凹底。红褐胎。黄绿釉。肩部饰一道弦纹。口径 7.8、底径 9.7、高 24 厘米。（图九，4）

10.器盖 1 件。标本 Y26：9。饼形纽。红褐胎。外壁施深绿釉。口径 18、高 6 厘米。（图九，6）

（二）青白瓷

本次调查发现的青白瓷器集中出于 Y6。胎体以灰白胎为主，釉层多见开片。

1.碗 11 件。大口，深腹，斜弧壁，圈足。分为两型

A 型：4 件。尖唇。标本 Y6：6，灰白胎。釉色泛蓝，内壁满釉，外壁不及足，釉面有细碎开片。口径 15.8、足径 6、高 6.8 厘米（图一〇，1）

B 型：7 件。厚圆唇。标本 Y6：8，灰白胎。釉色泛蓝，内壁满釉，外壁不及足，釉面开片。口径 15.2、足径 6、高 6.5 厘米。（图一〇，2）

2.盏 1 件。标本 Y6：2，侈口，圆唇，弧腹，内

底中心有圆形凹陷，圈足。灰白胎。釉色泛蓝，内壁满釉，外壁不及底。口径 11、足径 4、高 5.1 厘米。（图一〇，3）

3.盘 1 件。标本 Y6：3，敞口，圆唇，斜弧壁，外壁略曲折，圈足。灰白胎，胎体开裂。釉色泛翠绿，内壁满釉，外壁不及足，釉面开片。内部粘连厘钵碎片。口径 12.6、足径 4.7、高 4.3 厘米。（图七，6；图一〇，4）

4.碟 1 件。标本 Y6：1，口，壁斜直，下部略内弧收，平底，内底有一凹圈。灰白胎。釉色泛青，内壁满釉，外壁不及足，釉层开片。口径 8.6、底径 3.7、高 2.9 厘米。（图一〇，5）

5. 执壶 2 件。灰白胎。釉色偏白。标本 Y13：3，瓜棱腹，平底。外壁施釉不及底，底径 7、残高 7.5 厘米。（图一〇，6）

6.承盘 1 件。标本 Y6：31，椭圆形，荷瓣装饰，器底似有承柱。灰白胎。釉质较差，有脱釉现象。长 17.3、宽 14 厘米。（图七，8）

7.器盖 1 件。标本 Y6：30，应为执壶盖。上

部为坐兽形象，右耳与尾部残缺。下部呈三层台阶状，中空。灰白胎。釉层开片。底径4.9、高6厘米。（图七，5）

（三）生产工具与其他

1.擂钵 17件。束口，内壁有篦纹。分为两型。

A型：4件。碗形。器体薄。篦纹浅，面积小，形状不规则。口沿与外壁施釉。分为两式。

AⅠ式：1件。标本Y18∶31，筒形，凹顶，中部有圆孔，上腹部近顶处有指窝。灰白胎，局部泛灰，胎体较薄。顶面粘有细沙，腹部有青灰色、灰白色窑汗。顶径10.3、底径10.6、高23.4厘米。（图一一，4）

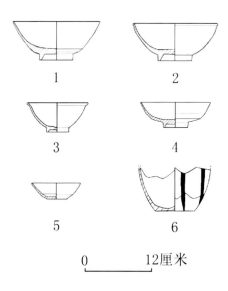

图一〇 青白瓷类遗物
1.A型碗（Y6∶6）；2.B型碗（Y6∶8）；3.盏（Y6∶2）；
4.盘（Y6∶3）；5.碟（Y6∶1）；6.执壶（Y13∶3）

AⅠⅡ式：3件。呈喇叭形。胎体较厚。标本Y20∶8，上腹部近顶处有几处指窝。紫褐胎。顶面粘有细沙。顶径12.5、底径19.5、高5.6厘米。（图一一，5）

B型：8件。器体矮，呈喇叭形。分为两式。

BⅠ式：3件。胎体较薄。标本Y18∶28，平顶。深灰胎。顶径9.8、底径10.2、高8.6厘米。（图一一，9）

BⅡ式：5件。胎体较厚。标本Y3∶19，凹顶，中部有圆孔。上腹部有指窝。深灰胎。顶径11.6、底径14.6、高13.2厘米。（图一一，10；图一二，4）

C型：13件。器体矮，腰略束，顶径、底径基本相等，部分底沿内折。标本Y4∶10，顶面略凹。上腹部有指窝。深灰胎。顶径15.7、底径15.5、高6.4厘米。（图一一，7）

D型：10件。器体矮，顶径大于底径。标本Y8∶9，凹顶，中部有圆孔，上腹部有指窝。深灰胎。器壁有灰褐色窑汗。顶径18.5、底径16.2、最高7厘米。（图一一，8）

3.匣钵 多为碎片，鲜有完整器。素胎，粗泥制成。分为两型。

A型：筒形。下腹部有指窝。红褐胎。标本Y16∶6，上部略外弧，下部直，底略凸。直径18、高24.8厘米。（图一一，15）

B型：2件。漏斗形。方唇，上腹部较直，下腹斜收，平底。土黄胎。标本Y6∶15，口径20.5、底径7.9、高11.5厘米。（图一一，11；图一二，8）

4.窑撑 4件。实心泥柱，近圆柱形，上下两面平，侧面多有指压痕迹，无固定形制。胎一般呈黄褐色或红褐色。推测为青白瓷生产专用窑具。（图一二，10、11）

5.垫饼 9件。间隔工具，用于碗类器物叠烧。粗泥制成，素胎器。可分为二型。

A型：8件。圆环形，一面有5个泥钉，另一面平滑。标本Y18∶29，红褐胎。直径6.5、厚1.3厘米。（图一一，14）

B型：1件。单独采集，此外在叠烧的青白瓷碗的圈足内多见粘连此种垫饼。标本Y6∶21，圆饼形，似象棋子。黄褐色。直径4、高1.7厘米。（图一一，13；图一二，9）

6.陶拍 1件。标本Y3∶20，柄空心，拍面略弧，有同心圆凹槽。直径14、残高4厘米。

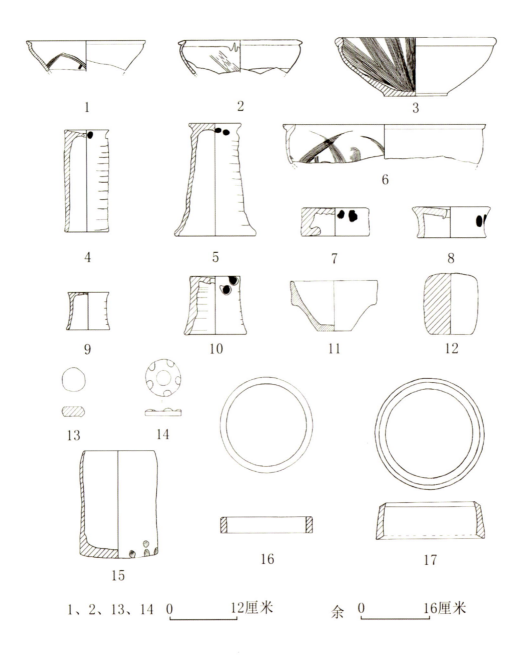

图一一　生产工具及其他遗物一

1.AⅠ式擂钵(Y18:26)2;2.AⅡ式擂钵(Y19:5);3.BⅡ式擂钵(Y1:45);
4.AⅠ式垫柱(Y18:31);5.AⅡ式垫柱(Y20:8);6.BⅠ式擂钵(Y11:13);
7.C型垫柱(Y4:10);8.D型垫柱(Y8:9);9.BⅠ式垫柱(Y18:28);
10.BⅡ式垫柱(Y3:19);11.B型匣钵(Y6:15);12.柱形器(Y18:30);
13.B型垫饼(Y6:21);14.A型垫饼(Y18:29);15.A型匣钵(Y16:6)

1. BⅡ式擂钵（Y1：45）　　2. 陶拍（Y3：20）　　3. 叠烧的青瓷碗（Y18）　　4. BⅡ式垫柱（Y3：19）

5. 口部粘连泥块的青瓷瓮（Y1：23）　　6. 叠烧的青白瓷碗（Y6：12）　　7. 青瓷碗内部的泥块痕迹（Y18：6）

8. B型匣钵（Y6：15）　　9. B型垫饼（Y6：21）　　10. 窑撑（Y6：33）　　11. 窑撑（Y6：34）

图十二 出土器物

（图一二，2）

7.柱形器 1件。应为支撑用具。标本 Y18：30，实心圆柱。红褐色粗泥胎。直径 9.8、高 14厘米。（图一一，12）

8.环形器 6件。红褐陶。或为装烧工具。分为两型。A型：4件。直壁。标本 Y1：62，直径 22、高 3.7厘米。（图一一，16）

B型：2件。斜壁。标本 Y1：60，直径 20.7、高 7.9厘米。（图一一，17）

9.陶球 表面凹凸不平。粗泥制成。无釉，部分有窑汗。直径 3~5厘米。

10.板瓦 均为残片。泥质深灰胎。素面。发现于采集点的板瓦可能为建筑遗存，发现于窑址的板瓦应是用于保护券顶与保温，此用法见

于浮山窑【1】等周边窑址。

11.窑砖 红色，仅见少量碎块。

四、结 语

结合遗物类型与既有研究材料，可将本次采集的遗物分为三期。第一期的遗物具有明显的晚唐特征。A型青瓷碗与江西乐平南窑等地产品[2]相似。AI、AII式执壶，A型匣钵和A型垫饼等器物与鄂州市梁子湖区瓦窑澥窑址同类产品基本相同[3]。因此第一期年代应为晚唐五代。第二期的遗物中，青瓷 BII式罐、A型瓮、BII式执壶，以及 AII式擂钵等与蕲春罗州城遗址北宋中期器物相近[4]，青白瓷符合梁子湖地区北宋中晚期产品特征[5]。因此第二期年代应为

编号	遗物类型			分期
	青瓷	青白瓷	生产工具与其他	
Y1	盆 A,缸,罐 AaⅡ、BⅠ、BⅡ、BⅣ、BⅤ,瓶 A、B、C,瓷 Bc,执壶 BⅢ、F	青白瓷	擂钵 BⅡ,垫柱 AⅡ、C、D、E,环形器 A、B	三
Y2	瓶 A、B、瓷 Bc、Bd		擂钵 BⅡ,垫柱 BⅡ、E,环形器 A	三
Y3	缸,罐 AaⅠ、BⅢ、Ab、C,瓷 Ba,执壶 AⅢ、C		垫柱 BⅠ、BⅡ、C	二、三
Y4	缸,瓶 B		垫柱 C、D	三
Y5	缸,瓷 Bc		擂钵 AⅡ、D	三
Y6	盆 A,缸	碗,盏,盘,碟,器盖,承盘	匣钵 B,窑撑,垫饼 B	二
Y7	盆 C,缸,瓷 A			二
Y8	瓷 Ba		垫柱 D	三
Y9	盆 A,瓷 A,执壶 BⅡ			二
Y10	盆 C,缸,瓷 Bd		擂钵 BⅡ、E	三
Y11	盆 A,罐 BI、BII,执壶 C,注壶		擂钵 BⅠ,垫柱 C	二
Y12	罐 BⅢ	执壶		二
Y13	缸,瓷 Bc		垫柱 BⅡ、C,板瓦	二
Y14	罐 AⅡ、BⅠ,瓷 Ba,执壶 AⅢ、BⅢ		垫柱 C,垫饼 A	三
Y15	执壶 AⅢ			三
Y16	碗 B,罐 AaⅡ、BⅠ,执壶 AⅡ		匣钵 A,垫饼 A,饼形器	
Y17			匣钵 A,垫饼 A,板瓦	
Y18	碗 Aa、Ab,罐 AaⅠ,执壶 AⅠ、AⅡ、BⅠ、D、E		擂钵 AⅠ,垫柱 AⅠ、BⅠ,垫饼 A,饼形器,柱形器	一、二
Y19	钵,执壶 AⅢ		擂钵 AⅡ	二、三
Y20	罐 B,瓷 Aa,执壶 BⅢ,注壶		垫柱 AⅡ	三
Y21	盆 A,缸,罐 AⅣ,瓷 Bc			二、三
Y22	缸,瓶 A,瓷 Ba,执壶 AⅢ、BⅢ		擂钵 BⅡ,垫柱 BⅡ、C、E	三
Y23	缸			三
Y24	缸,瓷 Bb、Bd		擂钵 BⅡ	三
Y25	缸,罐 BⅢ		垫柱 C	三
Y26	缸,执壶 AⅢ,器盖		垫柱 C、D	三
Y27	缸,瓷 Ba、Bb		陶球	三
C1	盆 B,瓷 Bc		擂钵 BⅡ,板瓦	三
C2	盆 C,瓷 Bd		垫柱 C	三
C3	缸,瓷 A、Bb			三
C4	盆 B、C,缸			二、三
C5	盆 C,缸		擂钵 BⅡ,板瓦	三
C6	盆 C,瓷 Bd		环形器 B	三

北宋。第三期的遗物，风格与江夏陈家窑墩[6]南宋至元代遗物相近。其中 AaⅡ式、BIV 式青瓷罐及 BⅡ式擂钵均符合蕲春罗州城南宋时期器物特征[7]，B 型青瓷瓶等器物与武昌傅家坡[8]等南宋墓葬遗物相似。因此第三期年代应为南宋至元代。各遗迹所见的可分型遗物与对遗迹年代的推断如表二所示。

磨山半岛窑址群的地域分布情况与年代有一定关系。第一期仅有 3 座窑址，位于大汪雷区和王家咀区。第二期有 11 座窑址，主要集中于大汪雷区，绣花墩区等地零星分布。第三期生产规模最大，窑址分布最为广泛，共计 14 座窑址，其中以东北部的绣花墩区最集中。

青瓷胎质粗糙，淘洗不精，常见轮制痕迹。胎色以红褐为主，也有深灰、紫褐。产品的外底或足部均露胎。青瓷碗与青白瓷碗、盏、盘和碟均为内壁满釉。青瓷瓶、盆、瓮和缸口沿部分露胎，内壁多为满釉。其他种类的青瓷产品一般内部仅口沿施釉、外壁施釉至下腹部。青瓷类产品的釉色以墨绿居多，次为深绿、翠绿、黄绿和黄褐，偶见亮黄、酱色等，颜色、厚度及透明度差别较大，多施釉不匀，多见流釉现象。第一期青瓷器总体上体型偏小、胎体偏薄。第二期之后器物体型增大、胎体变厚，出现瓮、缸等大型器物。一些大型缸的内壁最大径处有同心圆痕迹，与陶拍表面的凹槽相似，或可说明缸先分上下两部分制作，再黏合并用陶拍压实。青白瓷胎色灰白，胎质细腻，由高岭土制成。青白瓷施釉均匀，部分釉面有开片。据当地村民反映，大汪雷区的山丘有一种白色黏土，俗称"瓷土"，可能为高岭土。

本窑址群烧制的产品装饰简单，多素面。青瓷罐、瓶、执壶和注壶等器类的肩部饰一或两道凹弦纹。青瓷执壶在第一期多在肩部饰一对系，部多饰七道左右的纵向凹槽；第二、三期一般无

系，部装饰仍以凹槽为主，也有菱形纹等。

装烧工艺因产品、年代而异。第一期生产青瓷产品时，Y16、Y17 用筒形匣钵装烧，以 A 型垫饼间隔，用垫柱支撑。Y18 不用钵，器底与垫柱之间以细沙间隔；叠烧时多以泥块间隔，依器形大小使用 4～6 块，偶见使用垫饼的情况。（图一二，3、7）第二、三期生产青瓷时，不再用匣钵、垫饼，多数器类为叠烧，盆用对扣的方法，垫柱数量激增且体型增大，普遍以泥块间隔，（图一二，5）Y6 所见的青白瓷产品用漏斗形钵装烧，器物之间以垫饼间隔，用窑撑支撑。（图一二，6）

磨山半岛窑址群始于晚唐，兴于两宋，元代走向衰落。同类产品多见于周边同时期的中低等级墓葬，可见其使用者多为社会中下层平民，推测磨山半岛窑址群属于晚唐至元代时期的民间窑场。

20 世纪 70 年代以来，考古工作者对梁子湖以南的古瓷窑址进行了一系列调查与发掘工作，将这些窑址称为湖泗瓷窑址群【9】。

磨山半岛窑址群与湖泗窑址群的特征十分相近，证明同一时期梁子湖以东地区瓷器生产亦十分繁荣。这批新窑址的发现，丰富了梁子湖地区古陶瓷研究的材料，对于湖北地区古陶瓷研究具有重要的学术价值。

附记：参与本次调查的有武汉大学的曹昭、王含、刘德凯、钱程、周昱岐、戴晓萌、周静怡和何洪远，以及大冶市文物局的余锦芳，绘图为王玮瑄、刘平和何洪远，摄影为熊跃泉、刘德凯。本次调查工作得到了磨山村村民委员会的大力支持，在此表示感谢。

执 笔：何洪远 余锦芳

参考文献

［1］武汉市博物馆，武汉市江夏区博物馆，武汉大学考古系.湖北省武汉市江夏区浮山窑址

发掘简报.江汉考古,1998,(3)：

[2]江西省文物考古研究所，乐平市博物馆,景德镇陶瓷考古研究所,等.江西乐平南窑窑址调查报告.中国国家博物馆馆刊,2013,(10)。

[3]田海峰.记我省首次发现的两处古瓷窑址.江汉考古,1980,(1).

[4]黄冈市博物馆,湖北省文物总店.蕲春罗州城:2001年发掘报告北京:科学出版社,2007:265~278.

[5]湖北省文物考古研究所.武汉市江夏区新窑村窑址群的调查与发掘.江汉考古,2000,(4)。

[6]黄义军.湖北梁子湖地区宋代青白瓷的分期研究考古,2006,(3),

[7]同[4]:280~294.

[8]湖北省博物馆.武昌傅家坡宋墓发掘简报.江汉考古,1988,(3).

[9]熊跃泉,贺世伟.湖泗窑初探/中国古陶瓷研究:第四辑.北京:紫禁城出版社,1997.

附录 2：

大冶鄂王城及周边遗存考古工作回顾和相关问题的思考

陈树祥　席奇峰　余锦芳

大冶鄂王城城址发现及调查资料公布后①，有关城址性质、功能、国属及与周边遗存的关系等系列学术问题一直成为学者们讨论热点。时间荏苒，最近几年随着大冶矿冶城市经济转型升级，建设实力大冶、美丽大冶、幸福大冶成为地方政府的发展目标，进而推动了大冶西部边陲重镇金牛镇谋求生态文化旅游发展的方向，鄂王城址及周边遗址便成为开发利用的珍贵遗产资源。对此，本文以历年考古调查钻探、发掘工作取得的初步成果为基础，对其价值和今后工作略作些许回顾和探析。

一

回望金牛地区考古工作，大概经历了四个阶段：第一阶段为 1949 年～1958 年，调查发现了香炉山等一批遗址②。第二阶段为 1981 年第二次全国文物普查时期，发现鄂王城址、邹村古墓群、冶炼遗址群，尤其是鄂王城城址调查资料的公布引起学术界极大关注③。第三阶段为文物补查，先后于 1989 年、2005 年和 2009 年，历经三次专题补查，鄂王城调查资料又较详细地公布了一次④。第四阶段为 2013 年至 2016 年，采用调查钻探和抢救发掘相结合方法，新公布了香炉山遗址的调查资料⑤，鄂王城城址东门和北垣东部豁口的发掘资料正在整理之中。

鄂王城址地处大冶市西陲金牛镇，东南界阳新县，西南接咸宁市咸安区，西北邻武汉市江夏区，北连鄂州市梁子湖区。一条发源幕埠山的高港河，由南向北从城址东边蜿蜒穿过，在金牛镇东北与虬川河交汇流入梁子湖，沟通长江。因此，金牛鄂王城具有"五县通衢"优越地理位置。《金牛县志》记载，金牛镇地处虬川河畔，兴起于隋唐时期，便利航运一跃成为商贸重镇，替代了鄂王城具有交通枢纽和商贸中心位置，从此鄂王城逐渐消废，但鄂王城仍在南宋王象之《舆地纪胜》、清光绪十一年编纂《武昌县志》有零星记载。

鄂王城址位于金牛镇东北方向约五公里的一片低矮的丘岗上，城垣依地势修筑，城垣顶部高出城外地表约 8～15 米。城垣外有环绕的护城河和高港河相沟通形成屏障。20 世纪五六十年代，当地因在城内南部修建水渠、80 年代在城址西北筑堤修建九龙水库，先后将城墙西南部、北部的城墙土取走。此外，将原居住于九龙水库淹没区的胡彦贵村民全部搬迁至城内，导致城址遭到严重破坏。现仅见城

---

① 大冶县博物馆：《鄂王城遗址调查简报》，《江汉考古》1983 年第 3 期。

② 国家文物局：《中国文物地图集湖北分册》，西安地图出版社，2002 年 12 月。

③ 大冶县博物馆：《鄂王城遗址调查简报》，《江汉考古》1983 年第 3 期。

④ 朱俊英、熊北生：《大冶五里界—春秋城址与周围遗址考古报告》，科学出版社，2006 年 4 月第 1 版。

⑤ 湖北省文物考古研究所、北京科技大学冶金与材料史研究所、大冶市博物馆：《湖北大冶市香炉山遗址调查简报》，《江汉考古》2015 年第 2 期。李延祥、崔春鹏、李建西、陈树祥、龚长根：《大冶香炉山遗址采集炉渣初步研究》，《江汉考古》2015 年第 2 期。

址的西垣、南垣、东垣和北垣局部及西南一片高台地,地表暴露有板瓦、筒瓦残片等遗物。城北垣和东垣上皆有三个宽窄不一的豁口、西垣上有一个缺口,地方学者将其推论为城门,其中东南处豁口较大,被传为水门。历年在城址上调查采集了一批东周时期陶、铜、铁、金质等文物,具有重要的学术价值。2001年鄂王城城址被国务院公布为第五批全国重点文物保护单位(图1)。

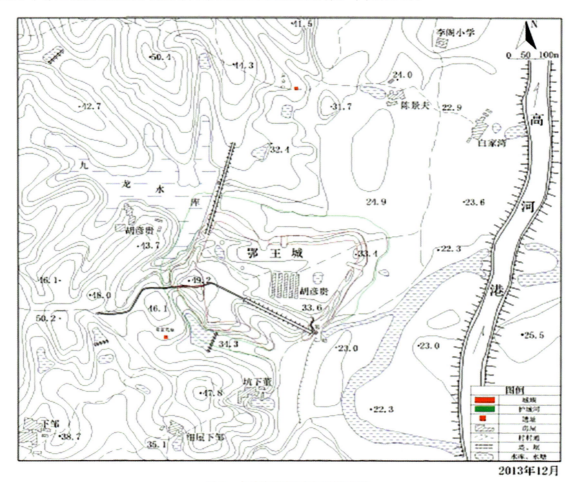

图 1　大冶市鄂王城地形平面图

　　梳理前三次考古工作,仅局限于田野调查。所公布的调查资料虽然十分有限,但"鄂王城"这一特定名称及调查资料均十分重要,引起学术界广泛关注。学者们依据鄂王城址特征、采集品的时代特征,结合相关文献和铭文,重点对城址地望、年代、性质进行热烈讨论,其观点纷纭莫衷一是。具体而言,主要有几种观点:其一,鄂王城为西周中期楚君熊渠所封中子红之城邑, 即学术界的"东鄂"观点,与"西鄂"说相左[1];其二,为鄂君启的封邑[2]。其三,为楚国

___

[1]　张正明:《楚文化史》,上海人民出版社1987年版,第24页。邹天福:《鄂王城初探》《鄂王城与楚国故都》,中国文史出版社2009年。

[2]　郭沫若:《关于鄂君启节的研究》,《文物参考资料》1958年第4期;谭其骧:《鄂君启节铭文释地》,《中华文史论丛》第2辑,中华书局1962年。谭其骧:《再论鄂君启节地理答黄盛璋同志》,《中华文史论丛》第5辑,中华书局1964年。黄盛璋:《关于鄂君启节交通路线的复原问题》《中华文史论丛》第5辑,中华书局1964年。于省吾:《"鄂君启节"考释》,《考古》1963年第8期。刘和惠《鄂君启节"鄂"地辨析》,《楚文化研究论集》(第九集),上海古籍出版社2011年。陈树祥、黄凤春:《楚封鄂王、鄂君与鄂王城之地望辨析》,《楚学论丛》第2集湖北人民出版社2013年3月。

军事城堡①。其四、为战国时期（楚国）管理铜矿开采与冶炼的一座城堡②。大家观点迥异，说明鄂王城址所包含学术价值非同小可，但解开鄂王城址及与周边遗存之间关系诸谜团，必须有待考古发掘成果印证，为研究提供更多的新资料。

二

弄清鄂王城城址与周边遗存空间布局、规模、年代、文化内涵是一项十分重要的考古基础工作。2014 年至 2015 年，为配合地方编制鄂王城址及周边遗存保护规划，我们先后对鄂王城及周边遗址进行新一轮专题调查钻探和发掘工作，获得多方面的初步认识。

1.鄂王城城址：城址呈不规则长方形，以城垣中心线为基准，确定城址东西长约 420 米，南北宽约 360 米，面积约 15.1 万平方米，此数据修正了以往报道的 53972 平方米。我们先后对鄂王城北垣东部豁口，东垣中部豁口进行抢救发掘，也取得重要进展。

（1）北垣东部豁口。发掘证明此豁口实为明清时期暴雨形成洪流由南向北冲毁了北城墙，形成的一条大冲沟。冲沟南北长 9 米，开口宽 1.25 ～ 2.75 厘米，开口距地表 0.65 ～ 1.10 米，沟深 1.15 ～ 1.50 米。沟内堆积包含有战国陶瓦片、明清瓷片，推测沟内堆积可能为清代人从别处取土填沟改田所致。冲沟东边有一个现代修挖的蓄水坑，为胡彦贵村电机抽水处，现填平改为居民进出的一条通道。对蓄水坑东边的北垣断面进行清理，此处城垣依地势而筑，即将岗丘缓坡地的土挖取运至顶部加高，堆筑成城垣，尚未见夯筑迹象。城垣堆积层包含了较多的东周时期的瓦片和陶器残片，推测鄂王城修筑前这里为春秋时期居民聚落点，战国中晚期修筑土城，并延用汉代。北城垣外为岗丘缓坡地带，坡崖下为天然古河道，宽深的河道成为城址的外围屏障。本处发掘出土遗物较多，器类单一，多为战国中晚期和汉代的残板瓦、筒瓦，生活用具等遗物非常少，且多碎小难辨器型。宋明清时期的生活遗物有壶、碗、罐、碟等陶瓷器片和砖瓦片，见有嘉庆通宝和乾隆通宝。

（2）东垣中部豁口：发掘 5×5 平方米的探方 14 个，共发现 12 条灰沟（其中、G3 为近现代，G1、G2、G4 为清代，G6、G7、G9 为战国晚期至西汉初，G5、G12 战国中晚期）、10 个灰坑（其中，H1、H3、H4 为近现代，H2 为清代，H5-H10 为战国晚期），路面和路基遗迹 1 处。重点对路面之北城垣断面和南城垣断面进行了解剖和清理，城垣断面皆为梯形，其中，南城垣顶宽约 6.5、底宽约 18.5、残高约 5.18 米（图 2）。

图 2

---

① 陈振裕：《东周楚城的类型初析》，《江汉考古》1992 年第 1 期。该文认为鄂王城既是楚之别都，更是楚国的军事城堡。
② 朱俊英：《大冶三座古城址文化属性与铜矿采冶之关系》，《中国矿冶考古——铜绿山古铜矿遗址考古发现与研究》（二），科学出版社 2014 年 8 月。

　　　　　　　　　　　　　　　　　　　　　　　　　　第四章　文化遗产研究

城垣主体夯层规整,夯窝密集清晰,夯窝分为圆形和椭圆形两种,直径约13～18厘米,夯窝深1.5～2.5厘米;夯层厚约2～20厘米,城垣自上而下分为70层,其中1～2b层为晚期地层堆积;3～26b为城垣护坡层;27～45层为城垣主体夯土层,每层夯土中包含碎小的瓦片及器物残片;城垣护坡包含有较多的绳纹板瓦、筒瓦残片。城垣共分五期,第一期为战国中晚期;第二期为城址的第一次使用期,年代稍晚于主城垣修筑时间;第三期为城垣护坡的加修期,为战国晚期至汉初;第四期为宋代,出土宋代陶、瓷片;第五期为清代。

　　门道路面(路基)位于南、北城垣脚底之间,呈")("形,最窄处略7米(图3)。门道多次修整,自上而下分为8层。整个路面(路基)的堆积南北两端薄中间厚,两边较高的原始地形夯筑城垣,中间较低洼的位置堆填泥土形成路面(路基)。

图3

　　出土遗物较多,而器类少。以战国晚期至汉代遗物为主,建筑遗物有较多板瓦和筒瓦残片(图4),2件云纹半圆瓦当(图5)。陶瓦多为夹砂和泥质灰陶、灰黄陶,少量泥质红陶、褐陶,纹饰多为粗细不一的绳纹、交错绳纹,少部分瓦片背面饰有菱形纹,绳纹之间饰有凹条带;陶瓦火候不高,质地疏松。

图4　　　　　　　　　　　　　　图5

　　生活用具多为陶器碎片,可辨器型有罐(图6)、瓮、盆、豆、鬲等;纹饰以各类绳纹为主,少量弦纹、附加堆纹等。铜兵器类有戈、剑、镞;其中,出土的一件铜戈"内"部刻有铭文(图7)。铁器有铁斧、铁?。宋、清代遗物有布纹板瓦残片、青砖,少量青花瓷、青瓷、白瓷、酱釉、青黄釉硬等残片,可辨器型有缸、瓮、罐、碗、碟等。由于考古工作刚刚开始,城址功能布局等不太清楚。

图6 陶高领罐

图7 铭文铜戈

2.邹村墓群:位于鄂王城址西南边270～1500米一片低矮丘岗上,以往调查发现有封土堆的墓葬117座[1]。经本次复查和勘探,墓群主要分布在鄂王城址外之西部、西北部、西南部的山丘岗坡地上,海拔高程为38～58米。整个墓群分布南北长4千米、东西宽2千米,面积达8平方千米。按自然小地名分为21个墓地,墓葬排列错落有致,或沿丘岗呈"一"字、"品"字形排列,或沿坡地呈扇形分布。已确定有封土堆墓葬229座,封土底径最长的达35米、最短的有7米,封土堆高1～5米。墓葬方向均呈东北至西南向。从鸡公山墓地一座封土堆墓葬盗掘现场观察,有较多的仿铜陶礼器残片,多呈深灰色、少量黄褐色,有的黑衣陶片上施红彩,器类有鼎、壶、钫、盒等,时代为战国晚期或汉代。距离鄂王城最近2处墓地因当地机械挖槽种树,暴露大量花纹砖,时代为汉代至六朝时期。由此初步判定,邹村古墓群中,战国中晚期均为土坑竖穴墓,数量180座;汉代砖室墓43座;六朝砖室墓6座。

3.冶炼遗址:主要分布于鄂王城址东北、东部、东南部约1～10千米的丘岗坡上。调查发现冶炼遗址22处,遗址面积各异,其中,彭家垴冶炼遗址面积最大,达16万平方米[2],,最小为竹林柯后背山冶炼遗址,面积1000平方米。这些冶炼遗存时代早到新石器、晚到汉代,有10处冶炼遗址因不见可作为断代年代的标本,时代不明。香炉山遗址为墩形状,面积1万平方米(图8),文化堆积包含新石器时代、商周、宋代遗物,采集品较多,经对20个采集的小块炉渣进行扫描电镜检测,发现了炼制锑青铜、锡铅青铜、生铁的炉渣[3](图9)。

图8 香炉山遗址

图9 合金炉渣

首次在香炉山遗址发现早期冶炼的青铜遗物,对探讨金牛及鄂东南早期冶金技术与当地文明的演进关系具有重要意义。其他遗址采集的炉渣尚未作检测分析,其冶金性质不明。22处冶炼遗址基本情况见表一。

---

① 国家文物局:《中国文物地图集·湖北分册》(下册),西安地图出版社,2002年12月。
② 国家文物局:《中国文物地图集·湖北分册》(下册),西安地图出版社,2002年12月。
③ 湖北省文物考古研究所:《湖北大冶市香炉山遗址调查简报》,《江汉考古》2015年2期。

第四章　文化遗产研究

表一　金牛镇冶炼遗址基本情况一览表

序号	遗址名称	位置	面积（平方米）	采集品	遗迹（地层堆积）	时代
1	张家墩遗址	祝铺村西南	22000	石斧、陶鼎足,鬲、□、豆、瓮残片,炉渣	文化堆积 1～1.5米	新石器时代、西周
2	香炉山遗址	金牛街西南	10000	陶鼎、纺轮,鬲、大口尊、罐,炉渣	文化堆积 0.8米	新石器时代、商周、宋
3	苦莲山遗址	祝山村畈头石湾西边	4000	陶鼎、豆,鬲、罐,炉渣	文化堆积 0.2～0.8米	新石器时代、东周
4	闵家山遗址	高河村西南	4000	陶鬲、罐、盆、瓮、缸,炉渣	文化堆积 0.3～0.5米	西周
5	舒家山遗址	泉波村西南	40000	陶鬲、□、豆、罐,炉渣	文化堆积 0.5～1米	西周
6	大林山（叶家山下）遗址	胡胜村叶家村西北	19000	陶鬲、豆、罐,炉渣	文化堆积 1～1.5米	周代
7	虎头遗址	胜桥村张胜桥东南	38000	陶鬲、豆、罐,炉渣	文化堆积 0.5～1.4米	周代
8	下首山冶炼遗址	胜桥村仓下黄湾	10500	炉渣	炉渣堆积 1～1.2米	不明
9	对面山冶炼遗址	胜桥村仓下吴东	32287	炉渣、残炉壁	炉渣堆积 1～2米	不明
10	铁屎墩冶炼遗址	胜桥村刘华甫湾西北	2500	炉渣	炉渣堆积 1～2米	不明
11	老屋卡冶炼遗址	胜桥村塘角吴湾西北	48000	炉渣	炉渣堆积 2～3米	不明
12	尹家嘴下首山冶炼遗址	屏峰村对门尹湾北面	36034	炉渣	炉渣堆积 1.5	不明
13	尹家嘴山冶炼遗址	屏峰村尹家山湾西	3463	炉渣	炉渣堆积 1.5～2米	不明
14	邹界田冶炼遗址	胜桥村细屋熊湾东北	9090	炉渣	炉渣堆积 0.5米	不明
15	瓦雪地遗址	袁铺村瓦雪地湾东	2700	陶鬲、鼎、豆、罐、盆。陶网坠、半圆形筒瓦和板瓦,炉渣	堆积 0.4～1.2	春秋和汉代
16	烟包山冶炼遗址	屏峰村姜包湾东	34600	炉渣	炉渣堆积厚 0.5～1.5米	不明
17	王家后背山冶炼遗址	胜桥村王家铺湾东	12000	炉渣	炉渣堆积厚 0.5米	不明
18	王家铺冶炼遗址	胜桥村王家铺湾东南	12000	炉渣	炉渣堆积厚 0.2米	不明
19	刘华甫后背垴冶炼遗址	胜桥村刘华甫湾东北	23454	炉渣	炉渣堆积厚 0.5米	不明
20	彭家垴冶炼遗址	胡铁村彭家垴东	160000	炉渣	炉渣堆积厚 1米	不明
21	铁屎包冶炼遗址	胡铁村彭家垴东北	3003	炉渣	炉渣堆积厚 0.5米	不明
22	竹林柯后背山冶炼遗址	黄泥村竹林柯窖藏点西部	1000	炉渣		不明

4.其他遗址。在鄂王城址东边发现战国时代一个陶罐窖藏,罐内出土青铜器及残器片达300多件[大冶博物馆:《大冶县出土战国窖藏青铜器》,《江汉考古》1989年第3期。]。此外城址附近发现金龟山墓群、黄安山窑址、董家地窑址、高梁贯窑,时代分别为六朝、唐、宋、明。反映这里历时期陶瓷业的兴盛。遗址情况见下表二:

表二　鄂王城址附近陶窑情况一览表

序号	遗址名称	位置	面积（平方米）	采集品	遗迹（地层堆积）	时代
23	竹林柯铜器窖藏	黄泥村竹林柯	1处	青铜斧、锛、矛、剑、弩机、镞、带钩、见金四珠、见金一朱、蚁鼻钱	陶罐内300件铜器	战国
24	金龟山墓群	金牛村殷老八湾	4000	青瓷盘口壶、碗、钵	暴露3座墓	六朝
25	董家地窑址	鄂王城村坑下董村	6000	执壶、釉陶碗、□	残窑	宋
26	黄安山窑址	鄂王城村陈经户	2000	花纹砖、陶瓦、瓷碗、瓷盏、瓷罐、青花碗		六朝、唐、明
27	高梁贯窑	徐桥村黄西溪	2500	硬釉碗、罐、壶、擂□、匣□		宋

三

大冶金牛镇考古工作仍处于初始阶段,而发现的遗存仍可勾勒本地古代文化发展的基本脉络,今后的考古保护研究工作如何深化? 本人认为应从以下几个方面进行:

1.编制文物保护规划:2009年由大冶市金牛镇人民政府、武汉华中科大城市规划设计研究院编制的《大冶市金牛镇城镇总体规划》,将张王庙与香炉山遗址编入其中,但香炉山遗址保护与利用的关系规划不详,其他文物点多有遗漏。文物保护是基础,编制规划是文物遗产保护与发展的依据。如何编制好城镇郊外文物保护专项规划突出特色,是需要深化的课题? 以笔者之见,首先应对调查获得的文物点分布空间,文化内涵和价值进行宏观考察。其实,以现有调查发现的文物点的分布位置看,金牛地下文物可分为两大片区:其一,为鄂王城城址与邹村墓群片区;其二为冶炼遗址群片区。前者地处高港河的东滨,承载古人生活、管理活动及生命归宿场所;后者位于虹川河畔,为冶炼生产片区,尘封手工业进程。两大片区文物点互为因果,展现古代金牛文明进程。让人困惑的是,地方多年动议编制上述第一片区文物保护规划未能成行,由于长期的实际工作不能启动,加之文保管理不到位,负面效果不断出现,诸如农民心怀撤迁为了追求高额利益,擅自在鄂王城址本体上建新房或在旧房上加层的行动屡禁不止;随着农村产业结构调整,邹村墓群保护区经常发生平整土地、抽槽种树、圈地建庄园等工程,这对文物本体和环境造成较大破坏。当前,要尽快改变只停留于编制文物保护规划的论谈层面,将编制上述两大片区的文物群体的规划纳入政府日常工作,迅速启动工作,并依据文物点性质、文化内涵、价值特征与地方文化旅游发展结合起来,使编制保护规划突出特色,构建当地社会经济文化旅游发展的愿景。

2.考古发掘工作:考古发掘新成果是为文物保护规划的编制提供资料支撑,也是文物保护重要内容。当前,要对金牛镇西北文物点空白区进行调查,进一步摸清文物点底数。对鄂王城址外环濠、"水门"地段、城内等地进行钻探和发掘,搞清城址的总体布局。对邹村墓群选择一个墓地进行发掘,弄清墓地与城址关系、墓葬葬俗、墓主人身份地位及国属,必要时建设墓地博物馆。选择香炉山遗址或闵家山遗址等早期冶炼遗址进行发掘,弄清遗址的冶炼规模、冶金性质与技艺水平、文化内涵、时代及与城址关系等系列问题。

3.多学科研究。鄂东南最具特色的是矿冶文化,金牛地区发现鄂王城及冶炼遗址群,这种象征政治中心的城址和密集冶炼遗址,暗示着这里曾是金属冶炼一个中心区域,只有开展多学科考古研究,是破解学术谜团的一个有效途径。因此,应继续加强与北京科技大学科技史与文化遗产研究院、北京大学考古与文博学院等大学合作,对上述21处冶炼遗址采集炉渣标本进行检测分析,了解冶炼遗址性质及历史时期冶炼技术的发展进程。同时,应积极开展课题研究合作,对本地新石器时代薛家岗文化与屈家岭文化、石家河文化演进、碰撞与交流的进程情况、楚国东扩与扬越文化关系、鄂王城城址国属和性质、鄂王城兴衰因素、唐宋时期陶瓷业特征与兴盛背景等进行全面研究,为编制文物保护和利用规划及实施不断提供新的研究成果。

总之,大冶金牛镇国土面积155.07平方公里,历史悠久,文物丰富,遗产价值十分重要,涉及考古工作和学术研究课题远非笔者所罗列几个方面,今后工作任重而道远,仍需地方党委政府与文物工作者紧密配合,持之以恒努力工作,推进金牛镇文物保护和利用工作跨入新台阶。

参考文献

[1][3]大冶县博物馆:《鄂王城遗址调查简报》,《江汉考古》1983年第3期。

[2]国家文物局:《中国文物地图集湖北分册》,西安地图出版社,2002年12月。

[4]朱俊英、熊北生:《大冶五里界——春秋城址与周围遗址考古报告》(P259页~270页),科学出版社,2006年4月第1版。

[5]湖北省文物考古研究所、北京科技大学冶金与材料史研究所、大冶市博物馆:《湖北大冶市香炉山遗址调查简报》,《江汉考古》2015年第2期。李延祥、崔春鹏、李建西、陈树祥、龚长根:《大冶香炉山遗址采集炉渣初步研究》,《江汉考古》2015年第2期。

[6]张正明:《楚文化史》,上海人民出版社1987年版,第24页。邹天福:《鄂王城初探》,《鄂王城与楚国故都》,中国文史出版社2009年。

[7]郭沫若:《关于鄂君启节的研究》,《文物参考资料》1958年第4期;谭其骧:《鄂君启节铭文释地》,《中华文史论丛》第2辑,中华书局1962年。谭其骧:《再论鄂君启节地理答黄盛璋同志》,《中华文史论丛》第5辑,中华书局1964年。黄盛璋:《关于鄂君启节交通路线的复原问题》《中华文史论丛》第5辑,中华书局1964年。于省吾:《"鄂君启节"考释》,《考古》1963年第8期。刘和惠《鄂君启节"鄂"地辨析》,《楚文化研究论集》(第九集),上海古籍出版社2011年。陈树祥、黄凤春:《楚封鄂王、鄂君与

鄂王城之地望辨析》,《楚学论丛》第 2 集湖北人民出版社 2013 年 3 月。

［8］陈振裕:《东周楚城的类型初析》,《江汉考古》1992 年第 1 期。该文认为鄂王城既是楚之别都,更是楚国的军事城堡。

［9］朱俊英:《大冶三座古城址文化属性与铜矿采冶之关系》,《中国矿冶考古——铜绿山古铜矿遗址考古发现与研究》(二),科学出版社 2014 年 8 月。

［10］［11］国家文物局:《中国文物地图集?湖北分册》(下册),西安地图出版社,2002 年 12 月。

［12］湖北省文物考古研究所:《湖北大冶市香炉山遗址调查简报》,《江汉考古》2015 年 2 期。

［13］大冶博物馆:《大冶县出土战国窖藏青铜器》,《江汉考古》1989 年第 3 期。

附录 3：

鄂王城城址价值研究及阐释展示主题思考

刘　岠　余锦芳　周景峰

　　鄂王城城址是位于湖北省大冶市与咸宁、武昌、鄂城三市县交界处的一座东周至战国时期的古城遗址，于1981年文物普查时发现，2001年被国务院公布为第五批全国重点文物保护单位。经近几年的考古工作确认，城址面积约15-16万平方米，周边墓葬(又称"邹村古墓群")遗存分布范围约75万平方米。东周的主要遗迹包括城垣、城壕、窑址、墓葬、金器、铜器、铁器、陶器、陶片、瓦片等。

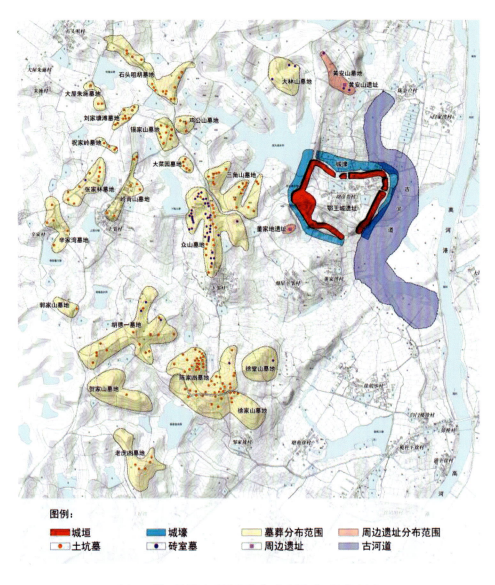

图1　鄂王城城址及周边墓葬(邹村古墓群)分布图

(引自《湖北省大冶市鄂王城城址文物保护规划》)

大冶文物

158

自 20 世纪 70、80 年代以来,有关鄂王城的研究成果,主要涉及考古调查、遗物分析,以及鄂王城城址的性质及功能等方面,从鄂王城的历史渊源、断代、历史作用等角度,为鄂王城城址价值的深入研究提供了丰富的理论文献,相关研究亦仍在不断推进、完善当中。

科学总结鄂王城考古发掘成果,从文化遗产学和考古学的角度对其文物价值进行深入研究,对于深化鄂王城乃至鄂东南地区古城遗址的调查发掘、科学研究、保护利用、展示阐释等工作具有十分重要的意义。本文即在充分查阅文献与实地调研的基础上,从鄂王城的文化属性、职能特征、营城特点等方面着手,通过横、纵向的比较方法,凝练出鄂王城城址的文物价值。继而从彰显遗址核心价值的角度出发,提出鄂王城城址的展示阐释主题。

一、鄂王城城址文物价值

一直以来,学界对于鄂王城的历史渊源有所争论,主要围绕其为西周时期熊渠封子熊红之"鄂"还是《鄂君启节》中启之封邑等观点展开。

"鄂王城为西周熊红故城"一说源于《史记》(卷四十)《楚世家》①,在民间流传颇为广泛,南宋王象之编纂的《舆地纪胜》、光绪十九年重修的《武昌县志》及更晚的《湖北通志》,乃至现代出版的《金牛志》等方志均如是描述其历史沿革,更有学者据此得出"鄂王城是湖北省简称'鄂'的文化源头"这一结论。于此说坚信不疑者,盖因城址命名之"鄂王"二字所致误解与附会,然而从现有的考古调查和发掘资料来看,无论从文化层关系,还是出土遗物方面,均无法得到证实。考古学者从出土残瓦、铜戟等遗物,以及城垣的平面结构等方面判断,鄂王城的形成年代及其兴盛繁荣时期,是春秋末到战国时期[1],并非西周城址。而"鄂君启封地"之地望,亦有河南南阳西鄂、湖北鄂城县、鄂王城等地之争论[2][3],因此"鄂王城为鄂君启封地"之说,也有待进一步的考古资料及史学研究加以印证、考定。

因此,就目前所掌握的确凿资料来看,鄂王城的价值评价,未必着力于宗法关系、行政等级或城市规模,而应从其文化属性、职能特征、营城方法等特性中得出结论。

(一)鄂东南地区多元文化交融之实证

首先,据不完全统计,中国现存的两周时期古城址,已经见于报道或已公布材料的达 428 座[4],其中已列入国家级文物保护单位的近百处,这之中具有楚文化特征的约 23 处,基本分布于湖北、湖南、河南、安徽一带,其中与古鄂国文化相关的,只有鄂王城城址和安居遗址两处[根据国务院公布的一至七批全国重点文物保护单位名单整理。](见表 1)。而湖北省目前发现的两周古城址,列入国保、省保文物单位的,大小约 26 座,也是以楚文化为主,鲜少处于鄂地②、具有古鄂文化特征③的。因此可以说,鄂王城城址是我国迄今考古发现较少的兼有楚、鄂文化特征的东周古城之一,在时代特征和历史文

① 《史记》(卷四十)《楚世家》:"熊渠生子三人。当周夷王之时,王室微,诸侯或不朝,相伐。熊渠甚得江汉间民和,乃兴兵伐庸、杨粤,至于鄂。熊渠曰:'我蛮夷也,不与中国之号谥。'乃立其长子康为句亶王,中子红为鄂王,少子执疵为越章王,皆在江上楚蛮之地。及周厉王之时,暴虐,熊渠畏其伐楚,亦去其王。"

② 西周晚期,鄂地已纳入楚国势力范围,及至春秋中期,鄂地已归属楚国版图。当时的鄂地大致为现在的鄂东南。鄂地的土著号为"杨越",采铜炼铜为杨越人的长技。(摘自张正明,《吴楚文化三题》)。

③ 根据湖北省文物局官方网站(http://www.hbwwj.com.cn)发布的国保、省保单位名单及描述整理。

　　　　　　　　　　　　　　　　　　　　　　　第四章　文化遗产研究

化内涵方面具有特殊代表性。

表 1　国保单位具有楚文化特征的古城址①

名称	时代	面积(万㎡)	位置	文化特征
寿春城遗址	战国	2635	安徽省寿县	楚、蔡、吴
楚纪南故城	东周	1600	湖北省江陵县	楚
季家湖城址	东周	224	湖北省宜昌市	楚、新石器
楚皇城城址	东周至秦、汉	220	湖北省宜城市	楚、秦、汉
四方城遗址	战国至汉	200	湖南省湘西土家族苗族自治州保靖县	楚、巴、濮、汉等
番国故城遗址	东周	182	河南省固始县	番、楚
临涣城址	战国	169	安徽省濉溪县	楚、秦、汉
蒋国故城	西周至战国	85	河南省信阳市淮滨县	蒋、楚
邓国故址	周	64	湖北省襄樊市	邓、楚、吴等
采菱城遗址	战国至汉	50	湖南省常德市桃源县	楚、汉
父城遗址	东周、汉	40	河南省平顶山市宝丰县	应、楚、汉
递铺城址（安吉古城遗址）	春秋至南北朝	33	浙江省安吉县	越、楚、秦、汉等
南襄城遗址	战国至汉	27	湖北省宜昌市远安县	楚、秦、汉
沈国故城	春秋至汉	25	河南省驻马店市平舆县	沈、楚、秦、汉
罗子国城遗址	东周	23.6	湖南省岳阳市汨罗市	罗子国、楚
下菰城遗址	春秋	16	浙江省湖州市	楚
鄂王城城址	东周	16	湖北省大冶市	古鄂、楚
葛陵故城	东周、汉	16	河南省驻马店市新蔡县	楚
草店坊城遗址	周、汉	16	湖北省孝感市孝昌县	楚
城阳城址	东周	6	河南省信阳市	楚
安居遗址	周、汉	3.2	湖北省随州市随县	古鄂、曾、楚
孙郭胡城址	战国	2.6	湖北省咸宁市咸安区	楚
新店土城遗址	战国、西汉	未知	湖北省咸宁市赤壁市	楚

其次，鄂王城地处鄂东南地区自然资源和矿产资源的中心地带，在楚文化和鄂地杨越部族文化相互融合的重要辐射圈内；在春秋时期，曾是吴、楚两国之间争夺的地带，及至战国后期，楚都东迁陈都后，又成为楚与秦对峙的前沿，因几度处于疆域边缘，而具有地理和文化前沿交汇带的显著特点，其文化性质受到楚、鄂、吴、秦多重文化的影响，既反映出特定历史时期社会的关联性，也体现出文化多样

---

① 根据国务院公布的一至七批全国重点文物保护单位名单、湖北省文物局官方网站发布的国保、省保单位描述，以及部分遗址的相关学术论文整理。

性的传承。可以说,鄂王城城址见证了鄂东南地区文化的形成、发展、融汇以及社会演进的过程,是研究当地原始文化以及战国楚、吴、秦等文化关系多元一体的重要资料和物证,对于探索楚文化流变及鄂东南地区的文化面貌和发展序列具有重要意义。

(二)楚地铜矿资源管理职能城市之代表

在全国范围内的国保单位中具有楚文化特征的 23 个城址,规模从 2635 万平方米至 2.6 万平方米不等(其中新店土城遗址规模不详),鄂王城 15 万~16 万平方米,处于偏小的城市规模。在湖北省内省保、国保单位的两周城址中比较,亦处于中等偏下的位置。溯及文献亦可知,西周、春秋时期大批城市兴起,并在战国时期持续发展,是城市发展的高峰期。列国筑成城数量众多,既有"千丈之城,万家之邑相望"①的繁华景象,也有"三里之城,七里之郭"②的小城罗列,从规模上来看,鄂王城只能算是普通城市的建置(图 2)。因此,对于城址价值的发掘,主要着眼于城址职能、性质方面的特殊性及代表性。

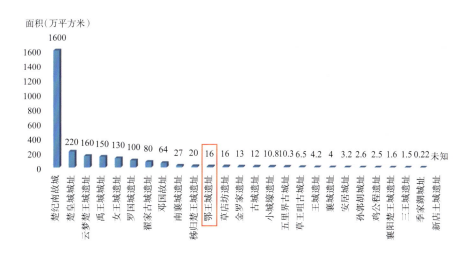

图 2　湖北省境内国保、省保两周城址规模对比

值得注意的是,鄂王城城址毗邻大冶铜绿山古铜矿遗址,且城址东、东南侧分布有商至东周时期矿冶遗址近 20 处。铜绿山古铜矿在春秋中期以前开采者为杨越人,其后为楚人,这一时期的铜矿对于各诸侯国都具有十分重要的资源价值,它不仅是铸造青铜礼乐器的重要原料,还是制造青铜兵器必不可少的材料[6],故而学界有观点认为,鄂王城及其附近的五里界城址(春秋)和草王嘴城址(西汉),虽时代不同、文化面貌有别,但在地理位置、自然资源以及水陆运输条件等方面均具有较强的一致性[7],应皆与采矿和冶炼密切相关[8],并根据所处时代和区位分析,认为鄂王城应是战国时期楚人对鄂东南地区铜矿进行开采、管理、仓储及集散中心。

因此,鄂王城的职能性质有别于东周时期以前城市作为政治中心、防御设施及邦国城址这几类典型职能[9],体现了东周时期城市功能逐渐发生分化的特征,具有一定的特殊性和代表性,是研究当时社

---

① 《战国策·赵策》载,赵奢对田单说:"古者四海之内,分为万国,城虽大,无过三百丈者,人虽众,无过三千家者。今取古之为万国者,分为战国七;千丈之城,万家之邑相望也"。
② 《孟子·公孙丑下》:"三里之城,七里之郭,环而攻之而不胜;夫环而攻之,必有得天时者矣;然而不胜者,是天时不如地利也。"

　　　　　　　　　　　　　　　　　　　　　　　　　　　　　第四章　文化遗产研究

会生产力的发展、社会的变革,以及楚地的区域城市结构、体系等问题的重要实物资料,同时有助于廓清当时楚地铜矿资源的开采、运输、管理、利用等行为的过程,对于楚国的经济、生产、资源管理等方面问题的研究具有较高学术价值。

(三)东周时期楚国营城思想之实例

我国早期城市建设思想,于两周时期日趋完善,其选址、规划等已形成了一定的模式,表现为"夫国必依山川"的选址原则,以及受"井田制"为代表的早期农耕制度以及"方属地"的空间认知影响下的"方形格网"的基本城市形态。

鄂王城在选址上承袭了"依山临流"这一择址原则,但在整体格局和空间形态上,则更多地呈现出因地制宜、随形就势的特征。城垣与自然地势有机结合进行修筑,与夏商及两周时期中原地区城垣较为方正[10]的空间布局形态有所不同;城壕也巧妙地因借了高河古河道,将高河河道纳入防御系统;周边墓葬群依托地势沿丘陵岗地展开。一方面体现出利用自然、改造自然的营城态度,展现了古人的生态观和设计智慧,另一方面也能够反映出城郭形态于东周时期突破了早期城邑建制观念的制约,呈现出灵活变化、丰富多元的特征,为研究东周时期营城思想的传承、发展与变化提供了考古实证资料。

此外,鄂王城城址东南角有一处低洼的冲沟顺南垣深入城内,有研究认为,这可能是深入城内的古河道,而城垣东南角处的豁口或为水门,这是同时期大多数城址所没有的特征,而楚都纪南城在东、南、北三垣河流注入城里或流出城外的三处均设有水门[6]。因而,鄂王城与纪南城这一共同特征,或可为探索楚国营城特点,以及楚城与楚文化之间的关联性等方面的研究课题提供实物线索。

(四)鄂东南地区楚国墓葬研究之史料

鄂王城城址周边发现的邹村古墓群,时代为战国至西汉,与城址有历时性、共时性关系,就墓葬数量而言,229座墓葬的数量不仅居鄂东南范围内墓葬群之首,而且在整个湖北省境内也是比较突出的(图3)。由于邹村古墓群目前尚未进行考古发掘,资料稀少,但随着考古工作的进一步展开,古墓群与城址的关系、等级规格、分布规律等问题均值得进行深入探讨,其对于鄂东南地区的楚国丧葬制度、习俗等问题的研究所具有的史料价值不容忽视。

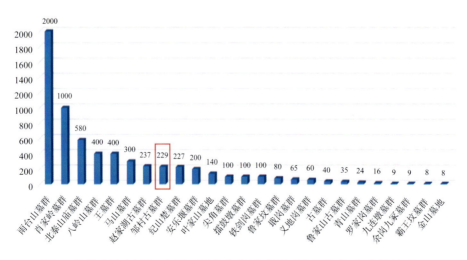

图3 湖北省境内国保、省保两周墓葬群(有数据可考的各处)墓葬数量对比

(五)楚国货币史、军事史、艺术史之见证

鄂王城城址发现的陈爰金币，属于战国时期楚国以贵金属黄金作为币材而铸造发行的具有特殊形态的流通货币[11]中的一种，虽目前在城址未进行考古发掘的情况下仅发现一块，但因湖北省境内出土的极少量楚金币(4块)之一①，无疑具有重要样本意义。陈爰为楚顷襄王二十一年(前278年)至考烈王十年(前253年)楚国迁都陈(今河南淮阳)时期所铸，因此鄂王城陈爰币的发现，对于楚国货币史特别是战国晚期楚国的铸币制度及商品经济的发展状况的研究具有一定的参考价值。

鄂王城城址于上世纪80年代初和2016年先后采集和出土了两件青铜铭文戈，均为重要文物，其中2016年出土的铭文戈，周边开刃，在全国出土的同类青铜戈中较为罕见，对于管窥东周时期楚国的兵器史和军事史有着一定价值。由于青铜戈比其他青铜礼乐器更能反映出时代的变化和区域性特点[12]，因此鄂王城铭文戈也为东周时期鄂东南地区的楚文化研究也提供了珍贵实例。

此外，鄂王城所出土和采集的大量陶器、铜器、铁器、金器等器物，是研究东周时期鄂东南地区艺术文化生动具体的实物资料，是楚国艺术发展之见证。

二、鄂王城城址的阐释展示主题

鄂王城城址诠释了鄂东南地区东周时期矿冶资源管理型城市的营城特征，是当时南方地区科学技术和文化艺术的杰出代表，也是鄂东南地区楚、鄂、吴、秦等多元文化碰撞、融汇的重要见证，作为当地文化资源的重要组成部分，是历史、文物、艺术等知识的科普教育场所，具有重要的历史意义和现实意义。

其阐释与展示主题应充分体现其所蕴含的文化内涵，突出表达文物的核心价值，围绕城址东周时期极具交融性的地域文化、铜矿资源管理的特殊职能，建立集保护与展示教育为一体的考古遗址体验公园。通过多种手段表达鄂王城在特定历史时期的经济、军事作用，以及在矿冶资源管理方面所起到的历史作用，并展现楚国城市选址、规划布局特征及墓葬、遗物等所体现的楚地文化特质。

应通过场景化的设置，结构性地对上述核心价值进行展示，笔者认为可以从两个层面进行表达。第一个层面，是通过不可移动的遗址本体展示，表达阐释鄂东南地区发现最早的东周时期城址选址特征、随形就势的布局及水门设置等楚城营城特色，以及东周时期城市功能分化背景下鄂王城城址的职能特性，并在进一步考古研究工作的基础上，通过周边墓葬群展示鄂东南地区的楚国丧葬制度、习俗等内容。第二个层面，是通过青铜戈、陈爰币等可移动文物丰富各类器物的陈列展示、图像传达和互动展示，阐释鄂王城的文化特质及商品经济的发展状况，既包括对鄂王城及周边遗址出土的代表性器物进行比对，揭示鄂王城的主体文化(楚文化)和融合文化(鄂、吴、秦等文化)特征，也包括对鄂王城陈爰币和其他地区出土的楚金币的比对和关联性展示，进而对楚国货币史进行延伸性解读。

---

① 建国后楚金币的发现，以安徽(411块，总重24901克)、河南(445块，总重为12805克)为最多，江苏(84块，总重11843克)次之，陕西(9块，总重2004克)再次之，山东(2块，计重265克)、湖北(4块，计重93克)、浙江(1块，计重62克)较少。(数据引自吴兴汉，《楚金币的发现与研究》)。

三、结语

东周时期诸侯林立,兴建的大、小城市不胜枚举,目前已发现的东周古城址也有数百座之多,每个城址有其独特的价值体现,应采取不同的阐释展示手段,不能忽略各城址的特色所在,而不加区别地采取保护绿化、建设公园等单一模式。而应把握各个城址的核心价值,有的放矢,对其历史信息进行精准传达,方能充分发挥城址的科普教育功能,引导公众准确认知地域文化内涵。

笔者在对全国及湖北省范围内的东周时期楚城址及周边墓葬进行规模、性质等方面的比对后,找出鄂王城城址的代表性特征,从而提炼出其历史价值,据此对鄂王城城址的阐释展示主题进行思考,并提出了两个层面的结构性展示方式,以期为鄂王城城址未来的展示利用,以及其他古代城址的价值提炼及展示阐释工作提出可供参考的思路。

参考文献

[1]龚长根.鄂王城综合研究报告[R].1998.5.

[2]于省吾."鄂君启节"考释[J].考古,1963,(08).

[3]陈伟.鄂君启节之"鄂"地探讨[J].江汉考古,1986,(02).

[4]毛曦.先秦城市史研究述评[J].中国史研究动态,2008(01).

[5]曲英杰.略论先秦时期城市发展的几个阶段[J].中州学刊,1985(03).

[6]陈振裕.东周楚城的比较研究[J].江汉考古,1993(01).

[7]朱继平."鄂王城"考[J].中国历史文物,2006(05).

[8]湖北省文物考古研究所.朱俊英,熊北生.大冶五里界:春秋城址与周围遗址考古报告[M].北京:科学出版社,2006.4.

[9]齐磊,翟京襄.略论先秦城市发展的阶段性特征[J].安徽文学,2008(09).

[10]赵明星.河南先秦城市平面布局与中国古代城市规划理论体系的形成[J].华中建筑,2008(06).

[11]吴兴汉.楚金币的发现与研究[J].故宫博物院院刊,2005(06).

[12]井中伟.先秦时期青铜戈、戟研究[D].长春:吉林大学,2006.

后　记

　　大冶市，一个拥有悠久历史和灿烂文化的城市，蕴藏着无数珍贵的文物和遗产。这些文物见证了这座城市的繁荣与辉煌，也承载着先人的智慧与情感。在撰写《大冶文物》这本著作的过程中，我们通过挖掘大冶市丰富的历史文化遗产，感受到这座城市的独特魅力和深厚底蕴。

　　本书详细介绍了大冶市具有代表性的重要文物和遗迹，包括古建筑、古遗址、古墓葬等不可移动文物，以及陶瓷、铜器等可移动文物的各类珍品。每一件文物都有着独特的历史背景和艺术价值，它们是大冶市历史的见证者，也是中华文明的瑰宝。通过对这些文物的深入研究和解读，我们更加深入地理解了大冶市的历史和文化，也更加珍视和敬畏这些宝贵的文化遗产。

　　大冶文物数量和种类之多、形体之大、文化内容之丰富举世罕见，文物的多样性和丰富性在这里充分展现。它们是人类智慧和创造的结晶，它们在无声中诉说着大冶市的历史变迁和文化传承，也启迪着我们对未来的思考和探索。

　　当前，文物保护和利用面临着一些问题与挑战。随着社会经济的不断发展，许多文物面临着被破坏和消失的风险，如何在保护和利用之间找到平衡成为重要的问题。希望通过这本书的出版，能够唤起更多人关注和重视文物保护，采取更加积极的措施保护和传承这些文化遗产，谱写中华民族现代文明新华章。

　　最后，感谢所有参与本书编写和出版的人员，是你们的辛勤工作和付出，让本书得以顺利出版。同时，也要感谢大冶市各级领导的大力支持和相关部门的通力协助，为本书的编写提供了宝贵的资料和帮助。